Gut verpackt

Gern denke ich an die Zeit zurück, als mein eigenes Kind ein kleines Windelpaket war. Und was macht man mit so kleinen Schätzen? Man packt sie ein. Oder richtig gesagt, man schützt sie, indem man sie einhüllt – in wollig-weiche Decken, in Jäckchen und Mützchen. Für die erste Zeit braucht es gar nicht so viel, eine kleine Grundausstattung, je nach Jahreszeit, reicht für die ersten Monate aus.

Mit diesem Buch möchte ich Sie inspirieren und ermuntern, diese Erstausstattung für Ihr Baby selbst herzustellen. Die Anleitungen für alle Modelle sind leicht nachzuarbeiten. Die Größen sind passend für die ersten 4 Lebensmonate, Länge und Weite sind so bemessen, dass immer noch etwas darunterpasst.

Die genannten Materialien und Farben sind eine Anregung. Auf Mischgarne mit hohem Kunstfaseranteil habe ich bewusst verzichtet. Fachhandel, Internet und Wollversender bieten eine Fülle von Alternativgarnen. Ich verarbeite gern Baumwoll- und Wollgarne oder Garne mit hohem Wollanteil, denn Wolle ist wie Baumwolle gut hautverträglich, sie schützt gegen Kälte und Wärme, stößt darüber hinaus Wasser ab und ist Schmutz abweisend.

Hübsche Knöpfe finden Sie in allen gut sortierten Fachabteilungen der Kaufhäuser, in Stoff- und Handarbeitsgeschäften sowie im Internet. Oder vielleicht haben Sie sogar noch etwas in der Knopfdose? Bastelversender liefern vielseitiges Zubehör wie Rassel und Füllmaterial.

Ich wünsche viel Freude beim Nacharbeiten und gutes Gelingen.

Sabine Abel

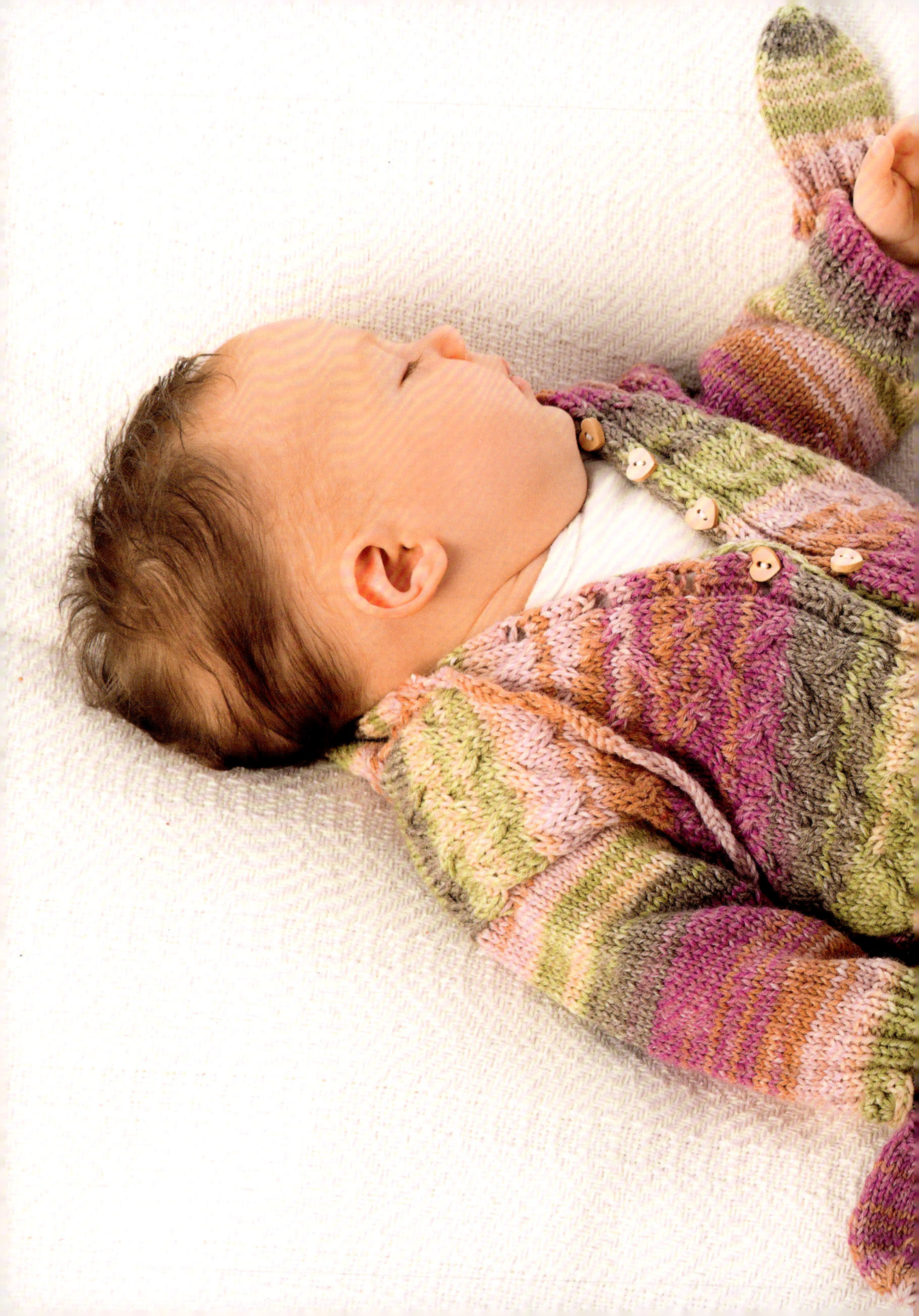

Warm eingekuschelt

und hübsch anzusehen ist das Baby in dieser Kapuzenjacke mit passenden Strümpfchen und Handschuhen.

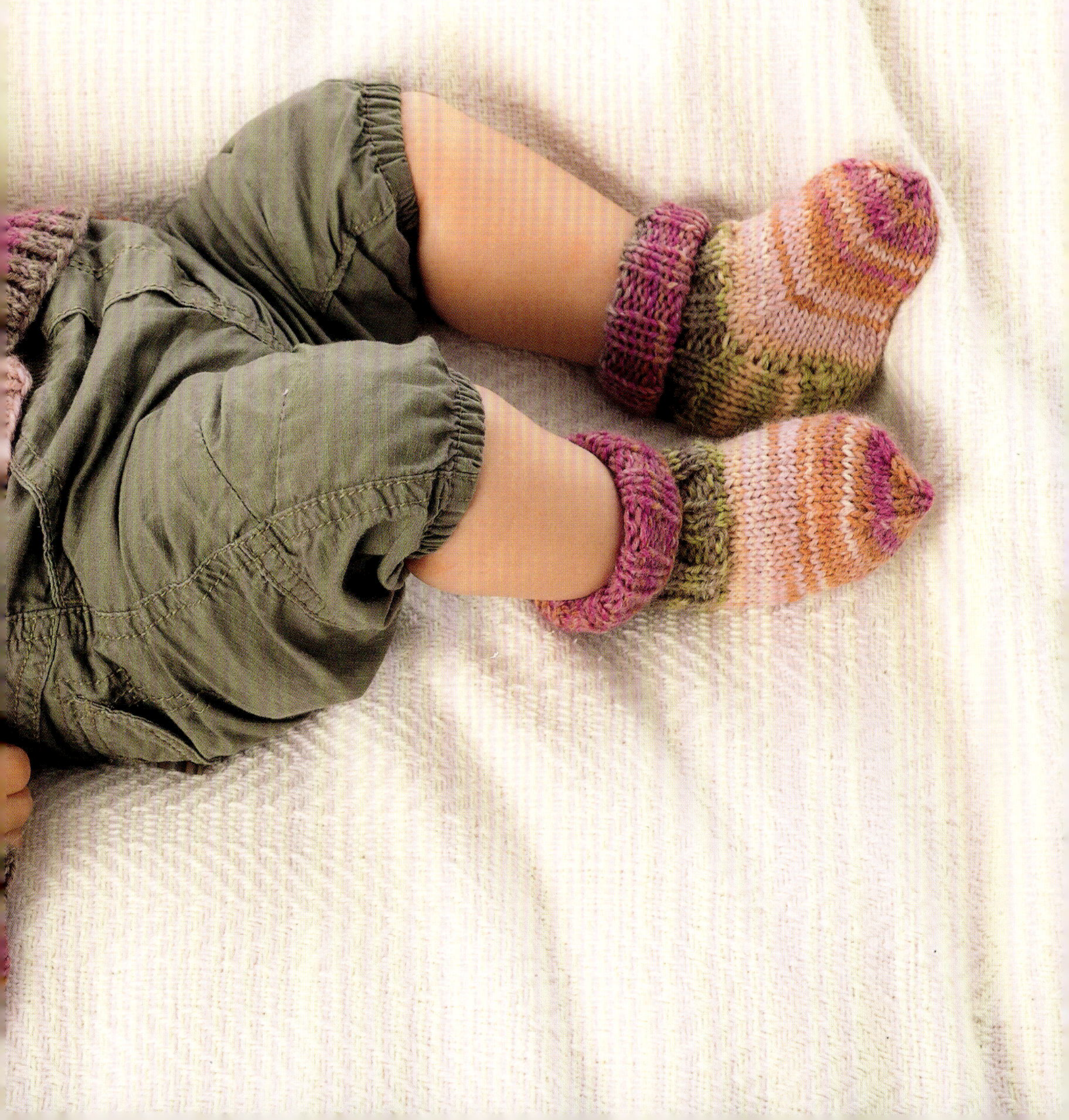

Größe: 2–6 Monate

Material

- Austermann Wolle „Step 6 Irish Rainbow Colours" (75 % Schurwolle, 25 % Polyamid, Lauflänge ca. 375 m/150 g): 300 g Farbe 630
- Rundstricknadel Nr. 3,5 (60 cm lang)
- Nadelspiel Nr. 3,5
- Häkelnadel Nr. 3
- Maschenmarkierer
- 8 kleine Knöpfe
- evtl. 2 Knöpfe für die Handschuhe

Glatt rechts: In Hinreihen rechte Maschen, in Rückreihen linke Maschen stricken, in Runden stets rechte Maschen stricken.

Rippenmuster: 2 Maschen links, 2 Maschen rechts im Wechsel stricken.

Strukturmuster: Gemäß Strickschrift auf Seite 8 stricken. Es sind nur die Hinreihen gezeichnet, in den Rückreihen alle Maschen stricken, wie sie erscheinen. Den Mustersatz von 8 Maschen und die 1.–10. Reihe stets wiederholen.

Randmaschen: Die 1. Masche jeder Reihe wie zum Linksstricken abheben, die letzte Masche jeder Reihe rechts stricken.

Maschenprobe glatt rechts und im Strukturmuster mit Nadel Nr. 3,5: 22 Maschen und 30 Reihen = 10 x 10 cm

Kapuzenjacke

Rückenteil: Mit der Rundstricknadel 62 Maschen + 2 Randmaschen = 64 Maschen anschlagen und für das Bündchen 8 Reihen im Rippenmuster stricken. Dann für die 1. Reihe (Hinreihe) nach dem Bündchen die Maschen wie folgt einteilen: Randmasche, 3 Maschen rechts, 7-mal das Strukturmuster nach der Strickschrift, 3 Maschen rechts, Randmasche. Nach 14 cm Höhe beidseitig 2 Maschen für die Armausschnitte abnehmen (= 60 Maschen). Danach in folgender Einteilung weiterarbeiten: Randmasche, 1 Masche rechts, 7-mal das Strukturmuster nach der Strickschrift, 1 Masche rechts, Randmasche. In 24 cm Gesamthöhe für den rückwärtigen Halsausschnitt die mittleren 16 Maschen abketten und die Schultern getrennt beenden, dabei in jeder 2. Reihe 2-mal 2 Maschen abnehmen (= 18 Maschen pro Schulter). In 26 cm Höhe die Schultermaschen abketten oder zum späteren Zusammenstricken mit den Vorderteilen stilllegen.

Rechtes Vorderteil: Die Knopflochblende wird mitgestrickt. (Hinweis: Für Jungen kann die Knopfloch-

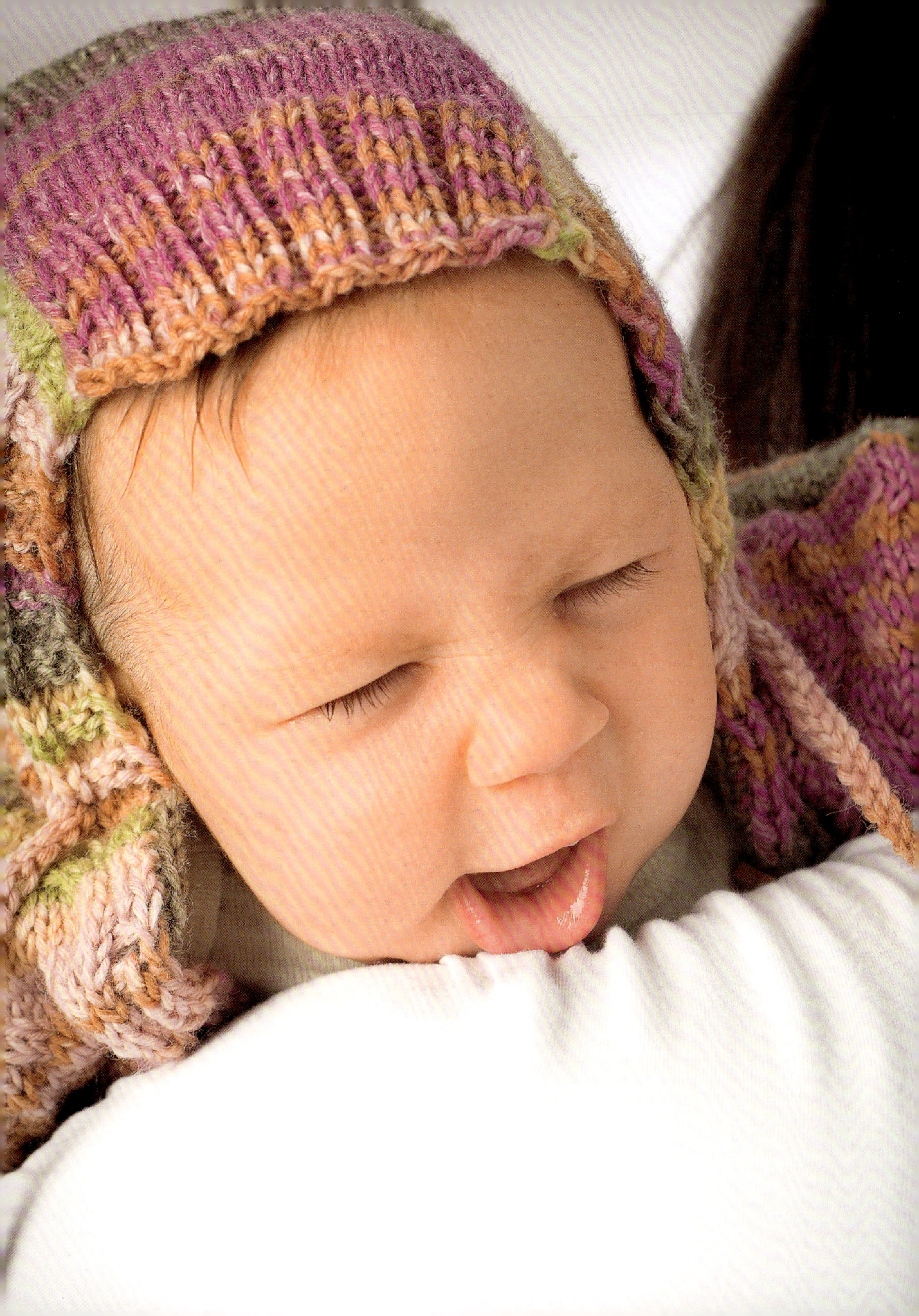

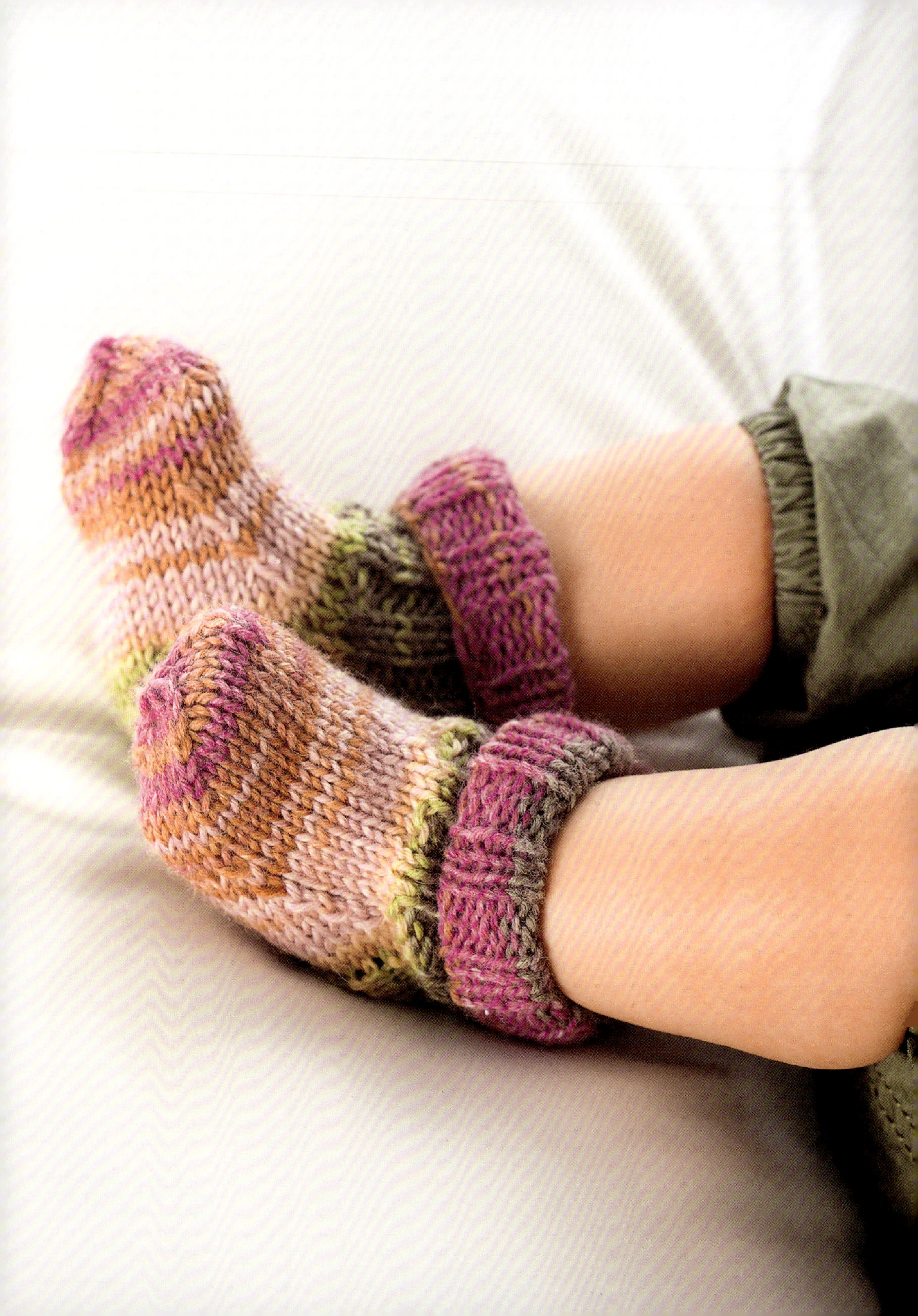

blende auch klassisch auf der linken Vorderteilseite gestrickt werden.) 34 Maschen anschlagen und für das Bündchen 8 Reihen im Rippenmuster stricken. Dann für die 1. Reihe (Hinreihe) nach dem Bündchen die Maschen wie folgt einteilen: Randmasche, 2 Maschen rechts, 2 Maschen links, 1 Masche rechts, 3-mal das Strukturmuster nach der Strickschrift, 3 Maschen rechts, Randmasche. In dieser Einteilung stricken, dabei in 4 cm Höhe (ab Anschlag) in der Blende ein Knopfloch arbeiten. Dafür jeweils 1 Umschlag arbeiten und anschließend die 4. und 5. Masche rechts zusammenstricken. Weitere sieben Knopflöcher in jeweils 2 cm Abstand über den gleichen Maschen arbeiten. Bei 14 cm Höhe für den Armausschnitt am linken Rand 2 Maschen abketten= 32 Maschen. Für den Halsausschnitt in 21 cm Höhe am rechten Rand die ersten 6 Maschen abketten und anschließend in jeder 2. Reihe 8-mal je 1 Masche abnehmen. In 26 cm Höhe die restlichen 18 Maschen abketten oder stilllegen.

Linkes Vorderteil: Gegengleich arbeiten, jedoch die Blende ohne Knopflöcher arbeiten.

Ärmel: Zunächst die Schulter- und Seitennähte schließen. Dann jeweils von rechts mit dem Nadelspiel aus den Armausschnittkanten 56 Maschen auffassen und in Runden glatt rechts stricken. Nach 8 Runden mit den Abnahmen für die Ärmelschrägung beginnen: Dafür am Rundenanfang nach der 1. Masche 2 Maschen rechts zusammenstricken, bis zur drittletzten Masche rechte Maschen stricken, 2 Maschen überzogen zusammenstricken und noch 1 Masche stricken. Diese Abnahmen noch 2-mal in jeder 4. Runde, dann noch 5-mal in jeder 6. Runde arbeiten. Anschließend 8 Runden im Rippenmuster stricken, dabei am inneren oder äußeren Ärmelrand in der 5. Runde ein einfaches Knopfloch arbeiten. Dafür 1 Umschlag arbeiten und anschließend 2 Maschen rechts zusammenstricken.

Kapuze: Aus dem Halsausschnitt rundum insgesamt 64 Maschen auffassen und 2 Reihen glatt rechts stricken. Dann für den Kordeldurchzug eine Lochreihe wie folgt arbeiten: * 2 Maschen rechts zusammenstricken, 1 Umschlag, ab * wiederholen bis zum Reihenende. Die Rückreihe links stricken. Dann in folgender Einteilung weiterarbeiten: Randmasche, 3 Maschen links, 56 Maschen glatt rechts, 3 Maschen links, Randmasche. Dabei zwischen den Randmaschen die ersten und letzten 3 Maschen links stricken, dazwischen glatt rechts, in den Rückreihen die Maschen stricken, wie sie erscheinen. Alle 2 Reihen wechseln die ersten und letzten 3 Maschen von links auf rechts, sodass ein Rippenmuster entsteht. Für die Weite am Hinterkopf nach 18 Maschen einen Maschenmarkierer setzen, die erste Masche nach dem Markierer verdoppeln, 26 Maschen rechts stricken, 1 Masche verdoppeln, 1 Maschenmarkierer setzen und die restlichen 18 Maschen gemäß Einteilung weiterstri- cken. Diese Zunahmen noch 5-mal in jeder 2. Reihe wiederholen = 76 Maschen. Nach der letzten Zunahme weitere 4 Reihen stricken. Anschließend beidseitig je 26 Maschen auf eine Hilfsnadel legen und über die mittleren 24 Ma schen weiterstricken. Dabei am Ende der rechts ge strickten Reihe die letzte Masche der Nadel mit 1 Ma sche der Hilfsnadel überzogen zusammenstricken, bei der links gestrickten Reihe die letzte Masche der Nadel mit 1 Masche der Hilfsnadel links zusammenstricken. Wenn sich noch 5 Maschen auf der Hilfsnadel befinden, wieder zum Rippenmuster wechseln und nach dem Wenden mit 2 Maschen rechts, 2 Maschen links beginnen. Wenn alle seitlichen Maschen abgestrickt sind, die 24 Maschen mustergemäß abketten.

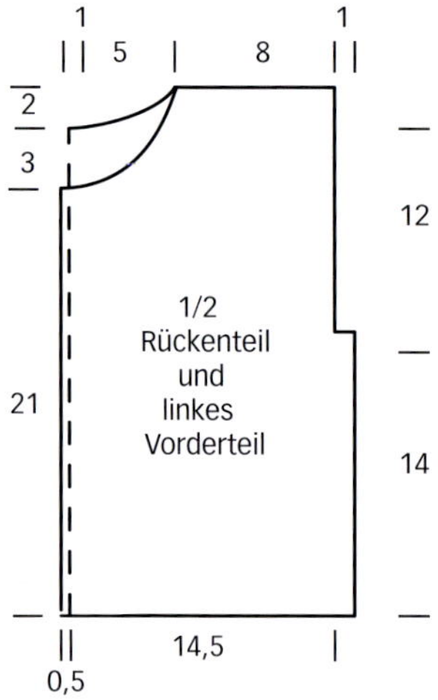

Die Ärmel werden aus den Armausschnitten, die Kapuze aus dem Halsausschnitt herausgestrickt.

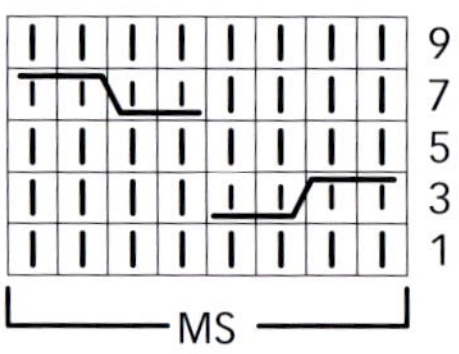

Zeichenerklärung:

 = 1 Masche rechts

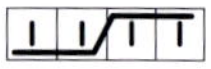 = 2 Maschen auf einer Hilfsnadel hinter die Arbeit legen, 2 Maschen rechts stricken, dann die Maschen der Hilfsnadel rechts stricken

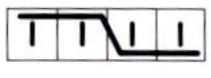 = 2 Maschen auf einer Hilfsnadel vor die Arbeit legen, 2 Maschen rechts stricken, dann die Maschen der Hilfsnadel rechts stricken

MS = Mustersatz

Für die Kowrdel eine entsprechend lange Luftmaschenkette anschlagen (einen langen Faden hängen lassen) und mit festen Maschen behäkeln. Am Ende der Reihe eine Popcorn-Noppe anhäkeln. Dafür 3 Luftmaschen häkeln, dann 5 Stäbchen in dieselbe Einstichstelle arbeiten, die Nadel aus der Schlinge ziehen, in die oberste Luftmasche einstechen, die Schlinge wieder auf die Nadel nehmen und beide Schlingen zusammen abmaschen. Mit dem dem Anfangsfaden eine Popcorn-Noppe häkeln.

Söckchen (2-mal)

36 Maschen anschlagen, gleichmäßig auf vier Nadeln des Nadelspiels verteilen und die Arbeit zur Runde schließen. 8 cm im Rippenmuster stricken. Nun für die Fersenwand über die 18 Maschen der 4. und 1. Nadel 16 Reihen stricken.

17. Mustersatz e (= Hinreihe): Die Mitte markieren. Bis zur Fersenmitte und die folgende Masche rechts stricken, dann 2 Maschen rechts überzogen zusammenstricken, 1 Masche rechts, wenden.

18. Reihe (= Rückreihe): Die 1. Masche wie zum Linksstricken abheben, bis zur Fersenmitte und die folgende Masche links stricken (= 3 Maschen), dann die nächsten 2 Maschen links zusammenstricken und 1 Masche links stricken, wenden.

19. Reihe (= Hinreihe): Die 1. Masche wie zum Linksstricken abheben, bis zur abgehobenen Masche der Vorreihe rechte Maschen stricken, die abgehobene und die folgende Masche rechts überzogen zusammenstricken, 1 Masche rechts, wenden.

20. Reihe (= Rückreihe): Die 1. Masche wie zum Linksstricken abheben, bis vor die abgehobene Masche der Vorreihe stricken, dann diese und die nächste Masche links zusammenstricken, 1 Masche links stricken.

Nach diesem Prinzip weiterarbeiten, bis alle seitlichen Maschen verbraucht sind. Die Arbeit endet mit einer Rückreihe. Aus den seitlichen Rändern der Fersenwand je 9 Maschen auffassen und zunächst 2 Runden ohne Abnahmen stricken. Für den Spickel in jeder 2. Runde am Ende der 1. Nadel 2 Maschen rechts zusammenstricken und am Anfang der 4. Nadel 2 Maschen rechts überzogen zusammenstricken. So oft wiederholen, bis sich auf diesen Nadeln wieder 9 Maschen befinden. Bei 6,5 cm Fußlänge eine Propellerspitze arbeiten, dazu in jeder 2. Runde die ersten 2 Maschen jeder Nadel rechts zusammenstricken. Nach der ersten Abnahme noch 1-mal in der 2. Runde und dann in jeder Runde. Die restlichen 8 Maschen mit dem Arbeitsfaden zusammenziehen und vernähen.

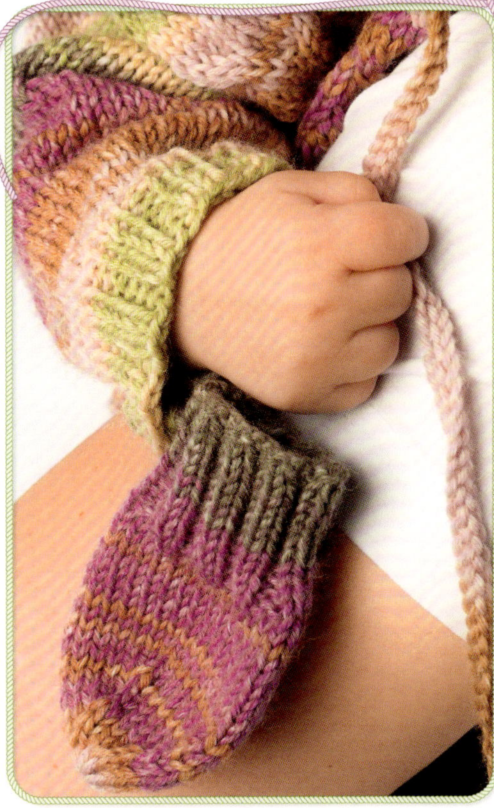

Tipp

Sie können hier auch jede andere Fersenform stricken, die Fußlänge bleibt gleich.

Handschuh (2-mal)

32 Maschen anschlagen, gleichmäßig auf vier Nadeln des Nadelspiels verteilen und zur Runde schließen. Für das Bündchen 3 cm im Rippenmuster stricken, danach glatt rechts weiterarbeiten. Bei 6,5 cm ab Anschlag mit den Abnahmen beginnen. Dazu am Ende einer Nadel 2 Maschen rechts zusammenstricken. Die Abnahme 3-mal in jeder 2. Runde, dann 3-mal in jeder Runde wiederholen. Die restlichen Maschen mit einem Faden zusammenziehen. Zur Befestigung des Handschuhs am Ärmel jeweils eine Popcorn-Noppe am Handschuhbündchen als Knopf anhäkeln. Dazu mit der Häkelnadel den Faden ca. 1,5 cm vom Handschuhrand entfernt anschlingen und die Noppe wie beim Banddurchzug (Kapuze) beschrieben arbeiten. Den Faden abschneiden und gut vernähen. Alternativ kann jeweils ein kleiner Knopf angenäht werden.

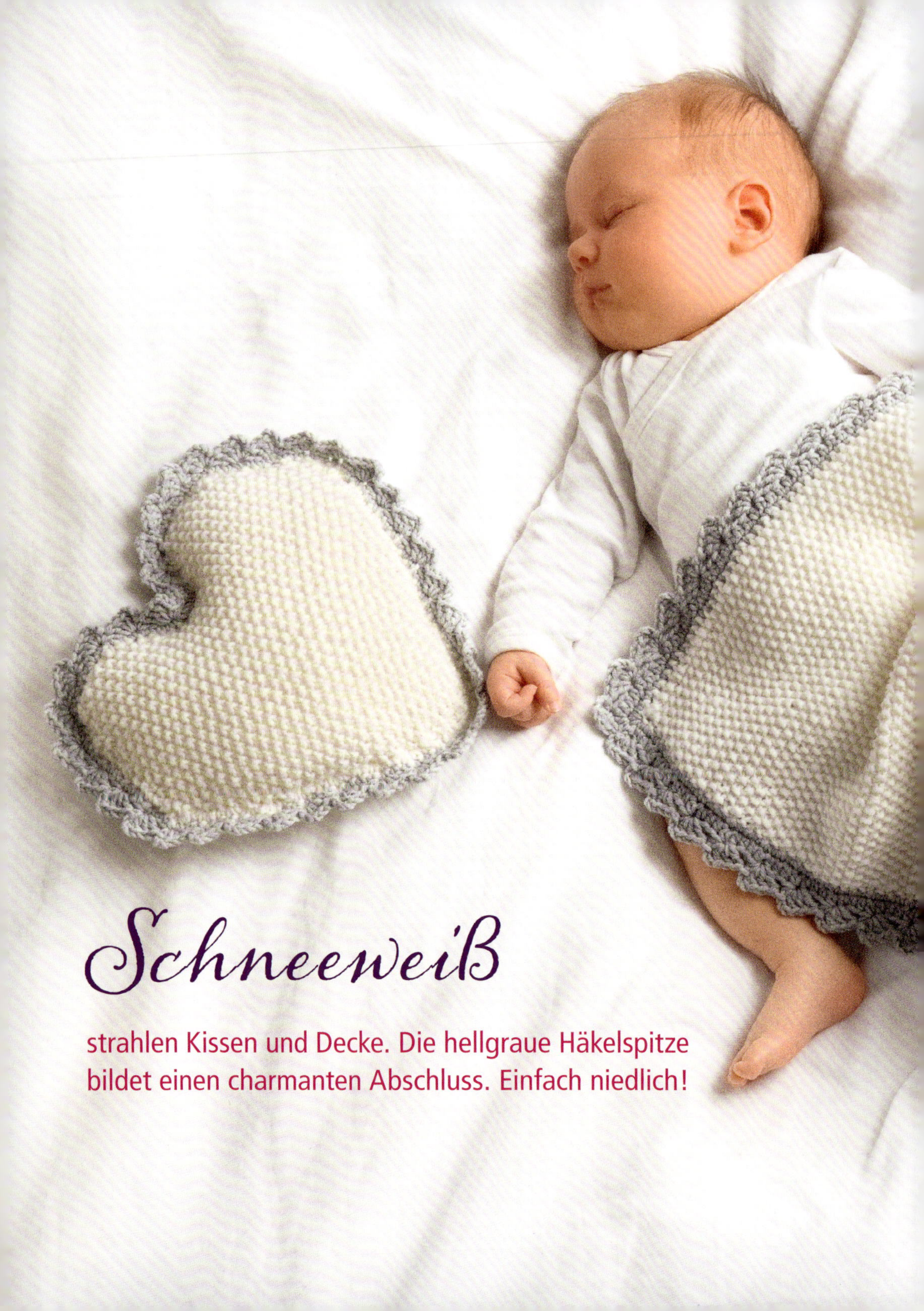

Schneeweiß

strahlen Kissen und Decke. Die hellgraue Häkelspitze bildet einen charmanten Abschluss. Einfach niedlich!

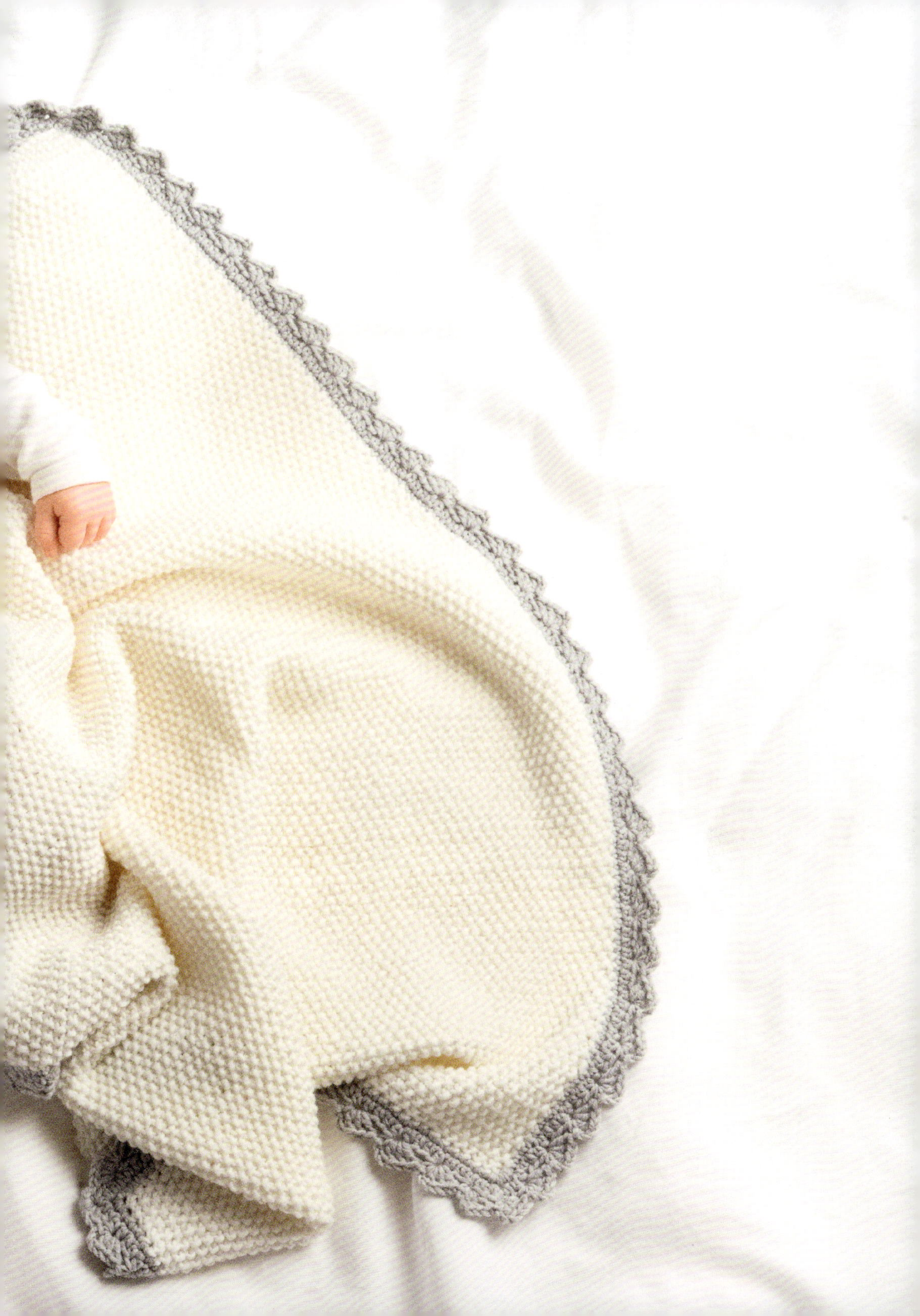

Größe: Decke ca. 50 x 68 cm, Herz (gefüllt) ca. 18 x 18 cm

Material

- Fischer Wolle „Sidney" (100 % Schurwolle, Lauflänge 105 m/50 g): 300 g Wollweiß und 100 g Hellgrau
- Rundstricknadel Nr. 4 (80 cm lang)
- Häkelnadel Nr. 4
- Füllmaterial (waschbar)
- Wollnadel

Kleines Perlmuster: Gerade Maschenzahl.

1. Reihe (= Hinreihe): 1 Masche rechts, 1 Masche links im Wechsel stricken.

2. Reihe (= Rückreihe): 1 Masche links, 1 Masche rechts im Wechsel stricken.

Die 1. und 2. Reihe stets wiederholen.

Maschenprobe im kleinen Perlmuster mit Nadel Nr. 4: 19 Maschen und 32 Reihen = 10 x 10 cm

Decke

130 Maschen anschlagen und im Perlmuster ca. 50 cm gerade hochstricken. Dann alle Maschen abketten. Für die Häkelborte die Decke zunächst mit 2 Runden festen Maschen in Hellgrau umhäkeln, dabei in den Ecken je 3 feste Maschen in 1 Masche arbeiten. Für die Spitzenkante in der nächsten Reihe jeweils 3 Luftmaschen und 3 Stäbchen in 1 Masche arbeiten, * 3 Maschen übergehen, 1 feste Masche in die 4. Masche, 3 Luftmaschen und 3 Stäbchen arbeiten, ab * fortlaufend wiederholen, bis die Decke vollständig umhäkelt ist.

Die fertige Decke leicht spannen und dämpfen.

Kissen

3 Maschen anschlagen und in Reihen im kleinen Perlmuster stricken, dabei beidseitig in jeder 2. Reihe 1 Masche zunehmen, dazu aus 1 Masche 2 Maschen herausstricken.

Befinden sich 33 Maschen auf der Nadel, die beidseitigen Zunahmen nur noch 3-mal in jeder 4. Reihe arbeiten (= 39 Maschen). Nun 7 Reihen ohne Zunahmen stricken. Dann in der nächsten und jeder 3. Reihe beidseitig 4-mal 1 Masche abnehmen (= 31 Maschen), dazu jeweils am Reihenanfang mustergemäß 2 Maschen überzogen zusammenstricken, am Reihenende mustergemäß 2 Maschen zusammenstricken. Nach der letzten Abnahme die mittleren 3 Maschen abketten. Es bleiben 14 Maschen auf jeder Seite. Die Abnahmen weiter für jede Seite des Herzens 3-mal in je-

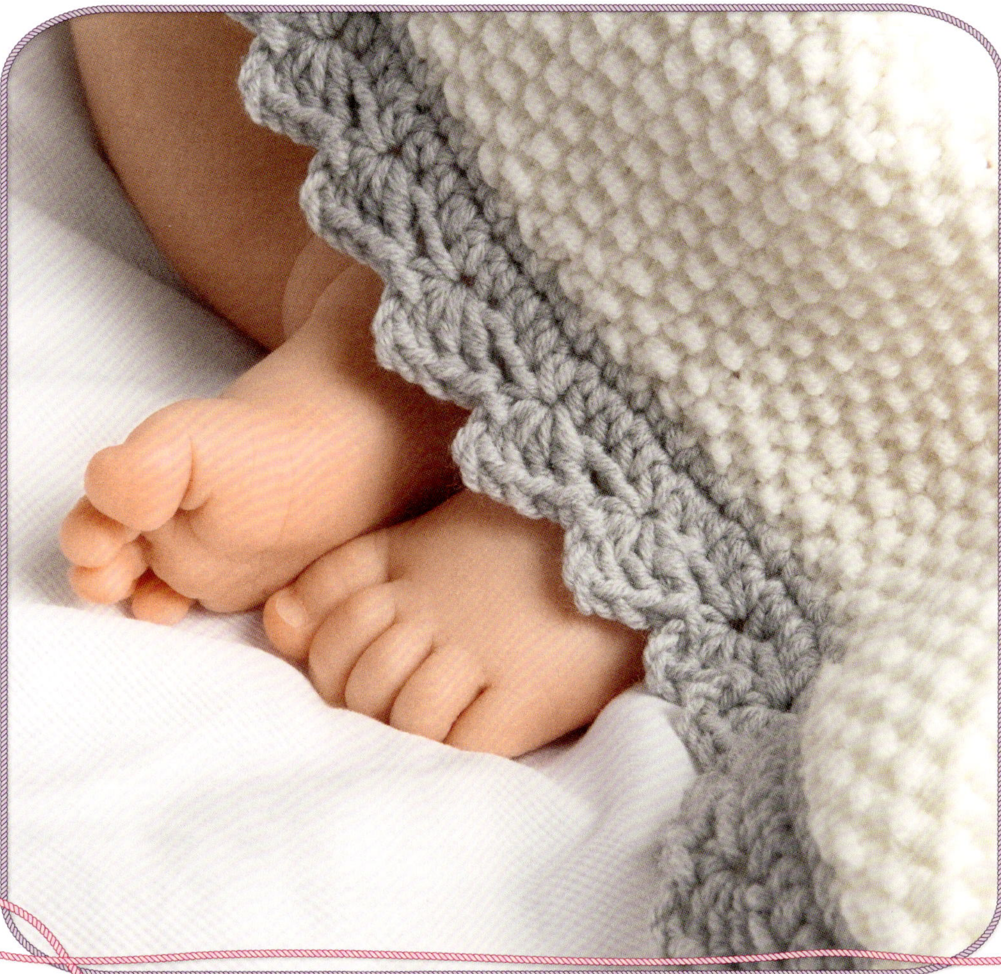

der 3. Reihe arbeiten. Die letzten 8 Maschen pro Seite abketten.

Ein zweites Herz genauso arbeiten. Die beiden Herzteile an den Außenkanten mit festen Maschen zusammenhäkeln, dabei darauf achten, dass sich die Form nicht verzieht. Zum Schluss in die verbleibende Öffnung das Füllmaterial stopfen und das Kissen mit einigen Stichen komplett schließen. Abschließend noch einmal 1 Runde feste Maschen und 1 Runde Spitzenkante wie bei der Decke angegeben arbeiten.

Pflegehinweis

Das Kissen ist im Wollprogramm kalt in der Maschine waschbar und sollte dann liegend getrocknet werden.

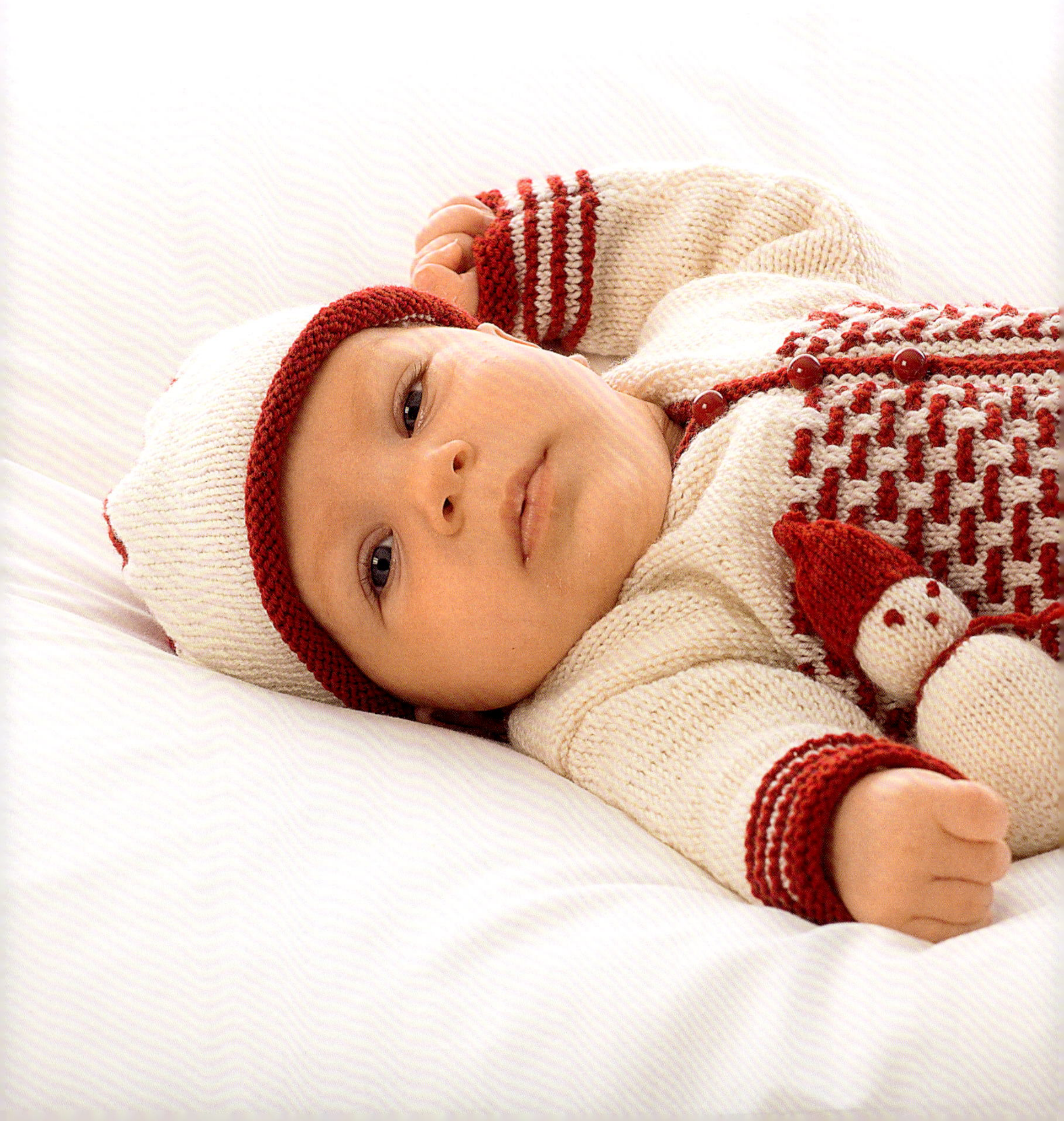

Ausgehfein

ist dieser kleine Erdenbürger in seiner hübschen rot-weißen Garnitur. Der Schneemann ist als treuer Begleiter immer dabei.

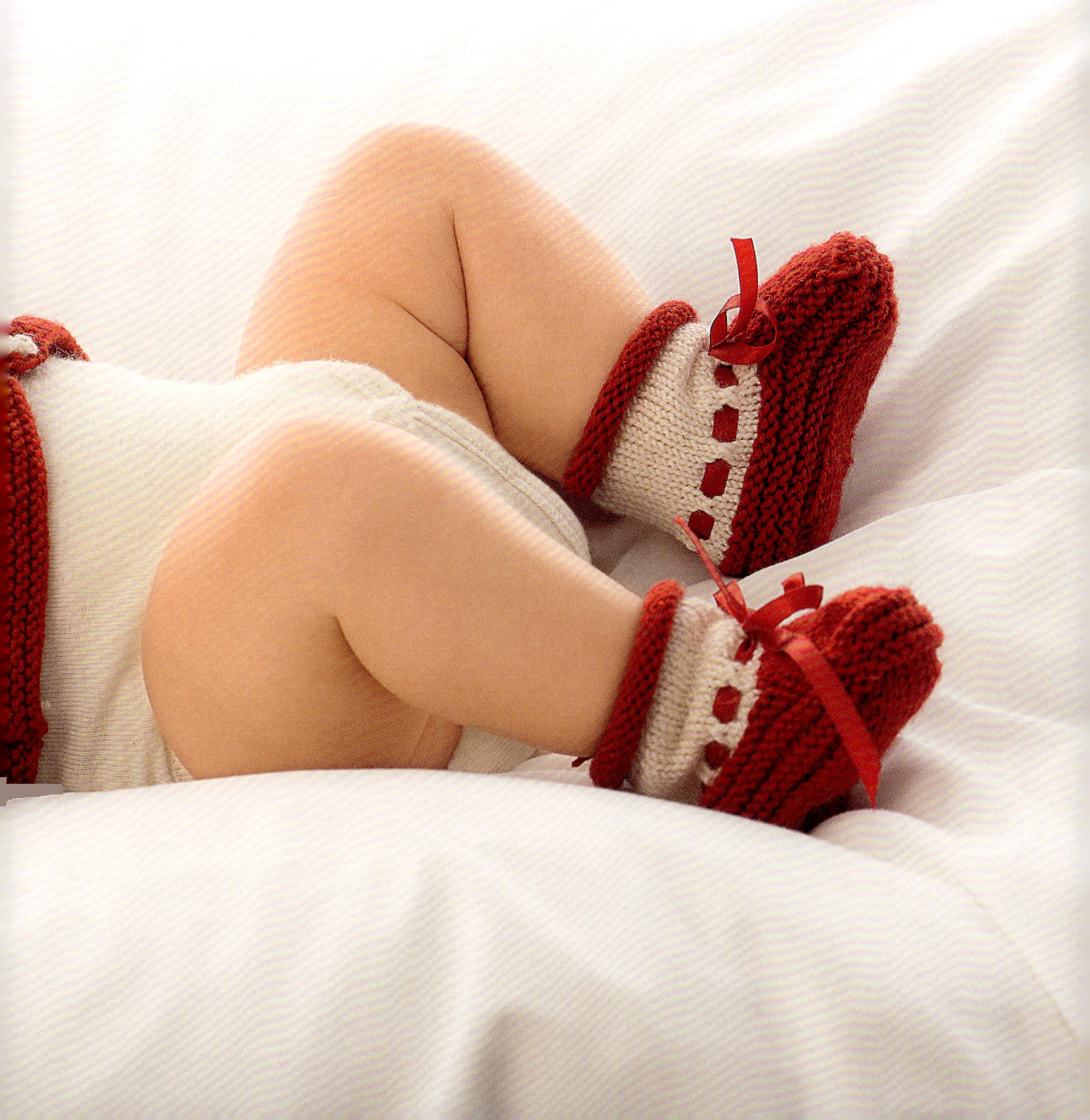

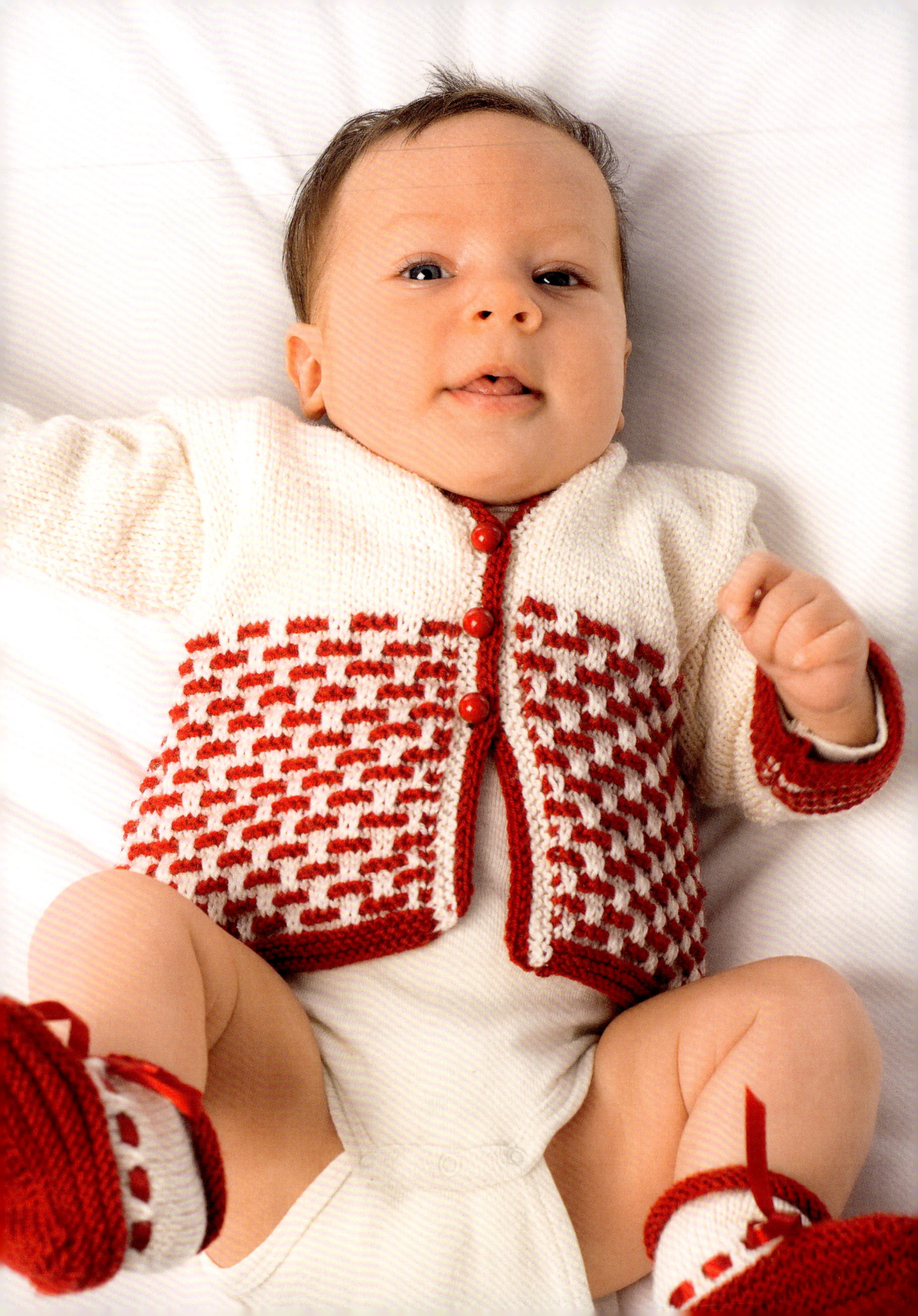

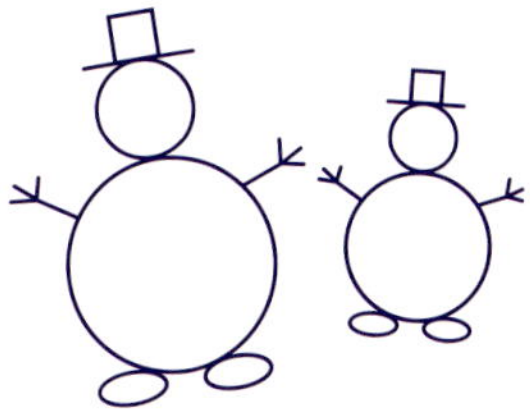

Größe: 0–2 Monate, Kopfumfang bis 38 cm

Material

- Fischer Wolle „Merino Extrafein" (100 % Schurwolle, Lauflänge 155 m/50 g): 150 g Naturweiß und 100 g Rot
- Rundstricknadel Nr. 3 (60 cm lang)
- Nadelspiel Nr. 3
- Häkelnadel Nr. 3
- 3 kleine Kugelknöpfe
- evtl. Schleifenband in Rot
- etwas Füllwatte
- Rasselelement
- Wollnadel

Randmaschen: Die 1. Masche jeder Reihe wie zum Linksstricken abheben, die letzte Masche jeder Reihe rechts stricken.

Kraus rechts: In Hin- und Rückreihen rechte Maschen stricken.

Glatt rechts: In Hinreihen rechte Maschen, in Rückreihen linke Maschen stricken, in Runden stets rechte Maschen stricken.

Hebemaschenmuster: Gemäß Strickschrift auf Seite 18 arbeiten. Den Mustersatz von 6 Maschen stets wiederholen, die 1.–8. Reihe insgesamt 7-mal arbeiten. Dabei jeweils die 1. und 2. Reihe sowie die 5. und 6. Reihe der Strickschrift in Naturweiß stricken, die 3. und 4. Reihe sowie die 7. und 8. Reihe der Strickschrift in Rot arbeiten.

Maschenprobe glatt rechts mit Nadel Nr. 3: 26 Maschen und 42 Reihen = 10 x 10 cm (leicht gedehnt gemessen)

Jäckchen

Rückenteil: Mit der Rundstricknadel 66 Maschen + 2 Randmaschen = 68 Maschen in Rot anschlagen und 5 Reihen kraus rechts stricken. Dann im Hebemaschenmuster gemäß Strickschrift weiterarbeiten, dabei den Mustersatz pro Reihe 11-mal und die 1.–8. Runde der Strickschrift 7-mal arbeiten. Anschließend zu Naturweiß wechseln und glatt rechts weiterstricken.

In 13 cm Höhe ab Anschlag für die Armausschnitte beidseitig in jeder 2. Reihe 2-mal 1 Masche abketten (= 64 Maschen). Bei 23 cm Gesamthöhe die mittleren 18 Maschen abketten und die Seiten getrennt beenden (= je 24 Maschen). Dabei für den Halsausschnitt beidseitig in jeder 2. Reihe 2-mal 1 Masche abnehmen (= 20 Maschen). In 24 cm Gesamthöhe die Schultermaschen abketten.

Linkes Vorderteil: Mit der Rundstricknadel 30 Maschen + 2 Randmaschen = 32 Maschen in Rot anschlagen und 5 Reihen kraus rechts stricken. Dann im Hebemaschenmuster gemäß Strickschrift weiterarbeiten, dabei den Mustersatz pro Reihe 5-mal und die 1.–8. Runde der Strickschrift 7-mal arbeiten. Anschließend zu Naturweiß wechseln und glatt rechts weiterstricken.

In 13 cm Höhe ab Anschlag für den Armausschnitt am rechten Rand in jeder 2. Reihe 2-mal 1 Masche abketten (= 30 Maschen). In 21 cm Höhe für den vorderen Halsausschnitt am linken Rand in jeder 2. Reihe 1-mal 5, 1-mal 3 und 2-mal 1 Masche abnehmen. In 24 cm Höhe die Schultermaschen abketten.

Rechtes Vorderteil: Gegengleich stricken.

Ärmel (2-mal): Mit der Rundstricknadel 40 Maschen in Rot anschlagen und 5 Reihen kraus rechts stricken. Nun glatt rechts wie folgt weiterstricken: * 2 Reihen in Naturweiß, 2 Reihen in Rot, ab * noch 2-mal wiederholen, dann in Naturweiß weiterarbeiten. Für die Ärmelschrägung 6-mal beidseitig im Wechsel in jeder 12. und 10. Reihe 1 Masche zunehmen (= 52 Maschen), dazu aus 1 Masche 2 Maschen herausstricken. In 18 cm Höhe alle Maschen locker abketten.

Fertigstellung: Alle Teile spannen und dämpfen oder unter einem feuchten Tuch trocknen lassen. Schulter- und Seitennähte schließen. Die Ärmel so einnähen, dass die Ärmelmitte an der Schulternaht liegt.

Für die Blende aus den Vorderteilkanten jeweils 142 Maschen in Naturweiß auffassen, 3 Reihen kraus rechts stricken, dann zu Rot wechseln und weitere 2 Reihen kraus rechts arbeiten. Dabei an der rechten Vorderteilkante in 8 cm Abstand zum Bund gleichmäßig verteilt drei Knopflöcher einarbeiten. Dafür jeweils 1 Umschlag arbeiten und 2 Maschen rechts zusammenstricken. Die Knöpfe annähen.

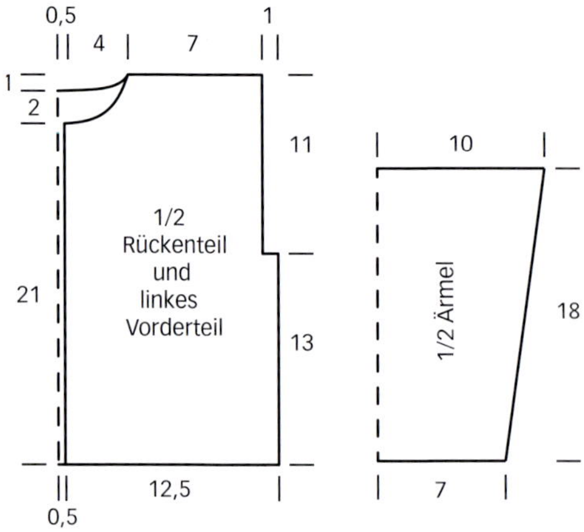

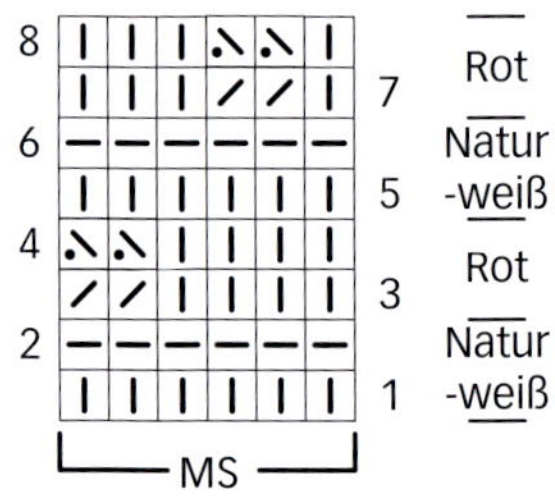

Zeichenerklärung:

| = 1 Masche rechts

– = 1 Masche links

/ = 1 Masche wie zum Rechtsstricken abheben, der Faden liegt dabei hinter der Arbeit

\ = 1 Masche wie zum Linksstricken abheben, der Faden liegt dabei vor der Arbeit

MS = Mustersatz

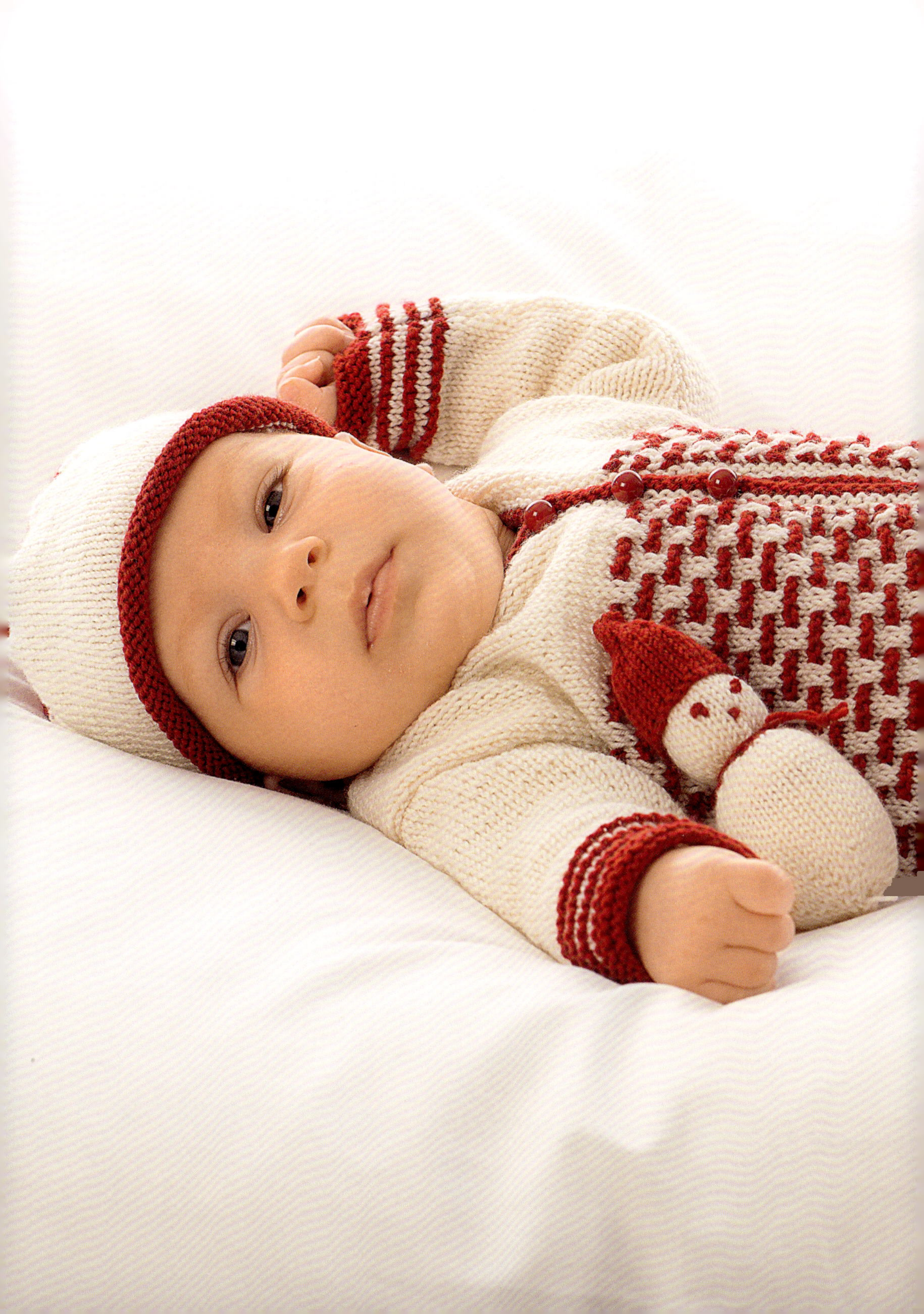

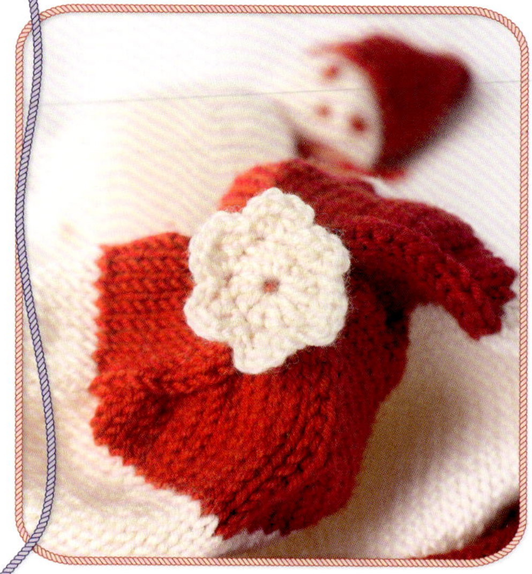

Mütze

96 Maschen in Rot anschlagen, gleichmäßig auf vier Nadeln des Nadelspiels verteilen, zur Runde schließen und für den Rollrand 10 Runden glatt rechts stricken. Zu Naturweiß wechseln und weiter glatt rechts stricken. Nach 8 cm in Naturweiß wieder zu Rot wechseln und nach 2 Runden mit den Abnahmen beginnen. Dazu zunächst jede 15. und 16. Masche zusammenstricken. Dann in jeder Runde die Abnahmen direkt über den Abnahmen der Vorrunde wiederholen. Sind noch 8 Maschen übrig, diese mit dem Arbeitsfaden zusammenziehen und gut vernähen.

Für die Häkelblume mit Naturweiß einen Fadenring bilden und in diesen 12 Stäbchen arbeiten. Für die Blütenblätter wie folgt häkeln: 2 Luftmaschen, 1 Stäbchen in das 1. Stäbchen der Vorrunde, 1 Stäbchen in das nächste Stäbchen der Vorrunde, * 2 Luftmaschen, je 1 Stäbchen in die nächsten 2 Stäbchen der Vorrunde, ab * 5-mal wiederholen. Die Runde mit einer Kettmasche schließen und mit dem Arbeitsfaden auf der Mütze befestigen.

Alternativ zur Blüte über die restlichen 8 Maschen noch ein paar Runden gerade hochstricken, dann die Maschen mit dem Arbeitsfaden zusammenziehen. So entsteht ein kleiner Zipfel.

Schühchen (2-mal)

40 Maschen in Rot anschlagen, gleichmäßig auf vier Nadeln des Nadelspiels verteilen, zur Runde schließen und 6 Runden glatt rechts stricken. Zu Naturweiß wechseln und 15 Runden glatt rechts stricken. Dann für den Banddurchzug eine Lochrunde wie folgt arbeiten: * 1 Umschlag, 2 Maschen rechts zusammenstricken, ab * wiederholen bis zum Rundenende. Noch 2 Runden glatt rechts in Naturweiß stricken. Für das Fußblatt in Rot über

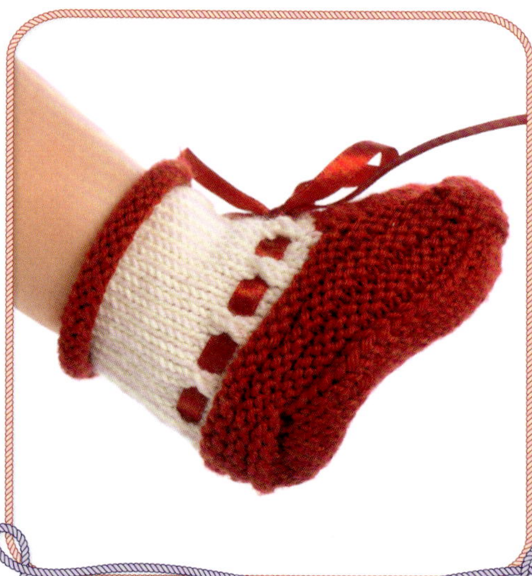

die mittleren 10 Maschen 16 Reihen glatt rechts stricken, die restlichen Maschen stilllegen. Dann in Runden wie folgt über alle Maschen arbeiten: Die 10 Maschen des Fußblatts stricken, 8 Maschen aus dem seitlichen Rand des Fußblatts auffassen, die zuvor stillgelegten 30 Maschen stricken, 8 Maschen aus dem seitlichen Rand des Fußblatts auffassen (= 56 Maschen insgesamt), dabei * 2 Runden links, 2 Runden rechts stricken, ab * 2-mal wiederholen.

Für die Sohle wieder nur über die mittleren 10 Maschen glatt rechts in Reihen stricken, dabei am Ende jeder Reihe die letzte Masche der Nadel mit 1 Masche der seitlichen Nadel rechts zusammenstricken. Wenn alle seitlichen Maschen aufgebraucht sind, den Schuh an der Ferse im Maschenstich schließen.

Für den Banddurchzug entweder farblich passendes Schleifenband einziehen oder eine Luftmaschenkette häkeln und diese durchziehen.

Schneemann

8 Maschen in Naturweiß anschlagen, gleichmäßig auf vier Nadeln des Nadelspiels verteilen und zur Runde schließen. 1 Runde rechte Maschen stricken, dann in jeder folgenden 2. Runde auf jeder Nadel 2 Maschen zunehmen. Dazu jeweils 2 Maschen aus 1 Masche herausstricken.

Nach 10 Runden sind 40 Maschen erreicht, nun weitere 16 Runden glatt rechts in Naturweiß stricken. Es folgen 2 Runden in Rot, dabei in der 2. Runde auf jeder Nadel 2 Maschen durch Zusammenstricken abnehmen. Nun schon etwas Füllwatte und das Rasselelement einlegen. Dann in Naturweiß glatt

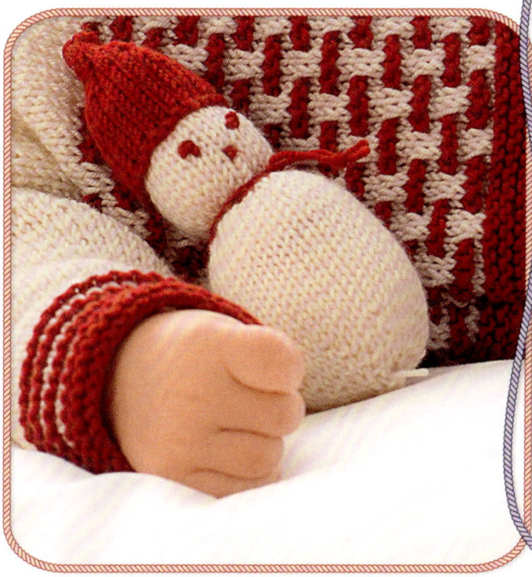

rechts weiterarbeiten und dabei in jeder 2. Runde wieder auf jeder Nadel 2 Maschen abnehmen, bis noch 8 Maschen übrig sind. Noch 1 Runde stricken, dann mit Füllwatte gut auffüllen und die restlichen Maschen mit dem Arbeitsfaden zusammenziehen. Zur Ausformung durch die rot gestrickte Runde mit einer Wollnadel einen roten Wollfaden ziehen und fest zusammenknoten.

Für das Mützchen 24 Maschen in Rot anschlagen, gleichmäßig auf vier Nadeln des Nadelspiels verteilen und zur Runde schließen. 9 Runden glatt rechts stricken, dann in jeder 2. Runde 2 Maschen auf jeder Nadel abnehmen, bis 8 Maschen übrig sind. Über diese 8 Maschen für den Zipfel noch 4 Runden hochstricken. Dann die Maschen mit dem Arbeitsfaden zusammenziehen und das Mützchen fest auf dem Köpfchen annähen. Augen und Nase im Plattstich aufsticken.

Spielwiesengrün

Größe: 2–5 Monate

Material

- Opal Pullover- und Sockenwolle „4-fach Uni" (75 % Schurwolle, 25 % Polyamid, Lauflänge ca. 425 m/100 g): 100 g Grün
- Opal Pullover- und Sockenwolle „Regenwald" (75 % Schurwolle, 25 % Polyamid, Lauflänge ca. 425 m/100 g): 100 g Grün-Color
- Rundstricknadel Nr. 2,5 (60 cm lang)
- Nadelspiel Nr. 2,5
- 3 kleine Knöpfe

Rippenmuster: 2 Maschen links, 2 Maschen rechts im Wechsel stricken.

Glatt rechts: In Hinreihen rechte Maschen, in Rückreihen linke Maschen stricken, in Runden stets rechte Maschen stricken.

Grundmuster:

1.–5. Reihe: Glatt rechts stricken.

6. Reihe: Rechte Maschen stricken.

Die 1.–6. Reihe stets wiederholen.

Maschenprobe im Grundmuster mit Stricknadel Nr. 2,5: 30 Maschen und 42 Reihen = 10 x 10 cm

Rückenteil: 76 Maschen in Grün mit der Rundstricknadel anschlagen und für das Bündchen 2 cm im Rippenmuster arbeiten, 1 Rückreihe rechte Maschen stricken, zu Grün-Color wechseln und im Grundmuster fortfahren. In 12 cm Höhe ab Anschlag für die Armausschnitte beidseitig in jeder 2. Reihe 2-mal 2 Maschen abketten. Anschließend weiter im Grundmuster gerade hochstricken. In 10 cm Höhe ab Armausschnitt für den Halsausschnitt die mittleren 24 Maschen abketten und beide Seiten getrennt beenden, dabei beidseitig in jeder 2. Reihe 2-mal 1 Masche abnehmen. In 11 cm Höhe ab Armausschnitt die 20 Maschen der rechten Schulter abketten, über die Maschen der linken Schulter für den Untertritt weitere 2 cm gerade hochstricken, dann die Maschen abketten.

Vorderteil: Genauso arbeiten, jedoch für den Halsausschnitt bereits in 9 cm Höhe ab Armausschnitt die mittleren 16 Maschen abketten und beide Seiten getrennt fertigstellen, dabei für die Rundung am Halsausschnitt in jeder 2. Reihe 2-mal 2 Maschen und 2-mal 1 Masche abnehmen. In 11 cm Höhe ab Armausschnitt jeweils die 20 Maschen der Schultern abketten.

Fertigstellung: Vorder- und Rückenteil spannen und dämpfen. Die Seitennähte und die rechte Schulternaht schließen. Den Untertritt an der linken Schulter unter das Vorderteil legen und feststecken.

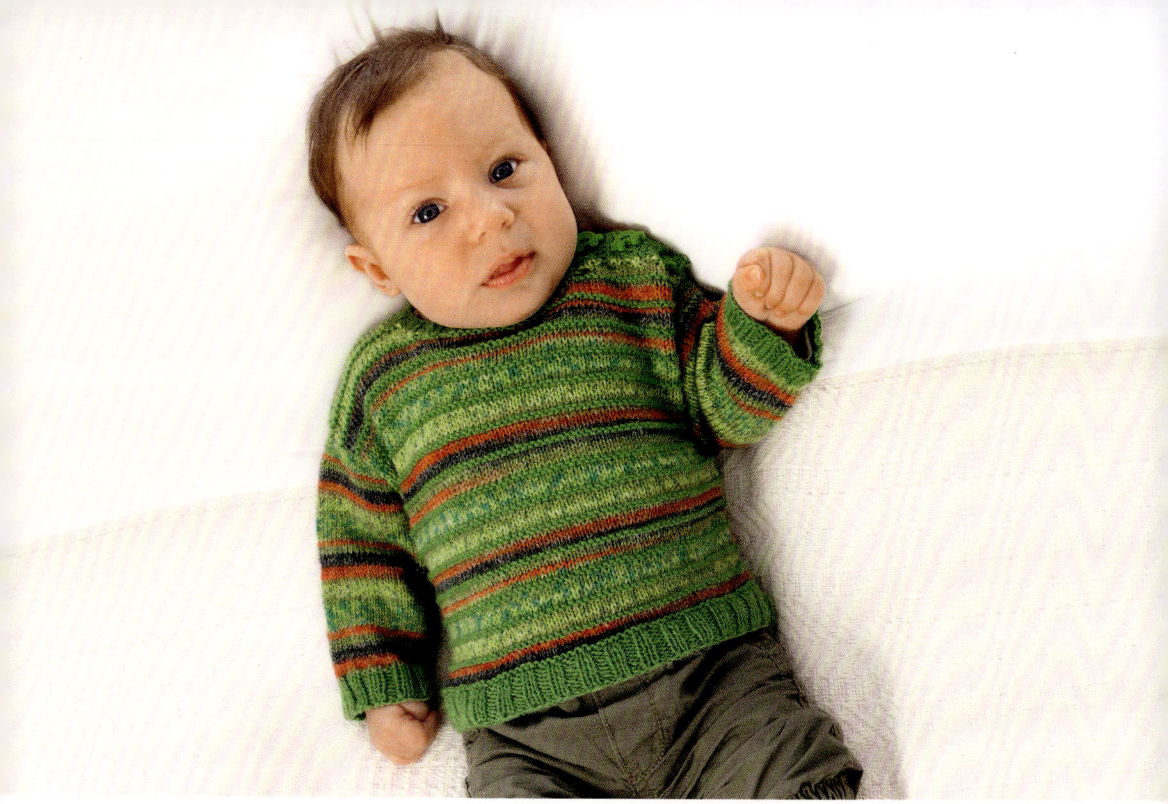

Für die Ärmel von rechts aus den Armausschnittkanten 70 Maschen auffassen, auf vier Nadeln des Nadelspiels verteilen (= 17-18-17-18 Maschen) und 10 Runden glatt rechts stricken. Dann für die Ärmelschrägung in jeder 6. Runde an der Ärmelinnenseite beidseitig 9-mal 1 Masche abnehmen. Dazu jeweils auf der 1. Nadel die 2. und 3. Masche rechts zusammenstricken, auf der 4. Nadel die dritt- und vorletzte Masche rechts überzogen zusammenstricken. Bei 14 cm Ärmellänge für das Bündchen zu Grün wechseln und noch 8 Runden im Rippenmuster arbeiten. Die Maschen abketten und die Fäden vernähen.

Für die Blende aus dem Halsausschnitt mit der Rundstricknadel 90 Maschen auffassen – dabei die seitliche Kante des Untertritts nicht vergessen – und im Rippenmuster stricken. Nach 5 Reihen 70 Maschen des Ausschnittes abketten. Über die restlichen 20 Maschen an der linken Schulter im Rippenmuster weiterarbeiten, dabei in der 5. Reihe in gleichmäßigen Abständen drei Knopflöcher arbeiten. Noch 3 Reihen stricken, dann die Maschen abketten. Die Knöpfe am Rand des Untertritts annähen.

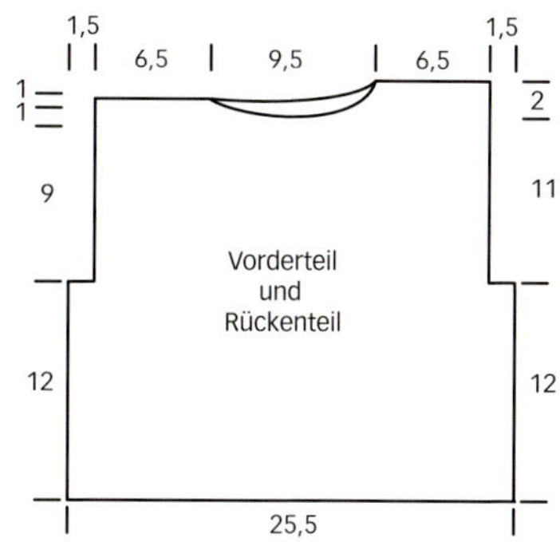

Die Ärmel werden aus den Armausschnitten herausgestrickt.

Weich umhüllt

In zarten Farben gestreift – ein Traum für Babys und stolze Mütter ist diese Kuscheldecke.

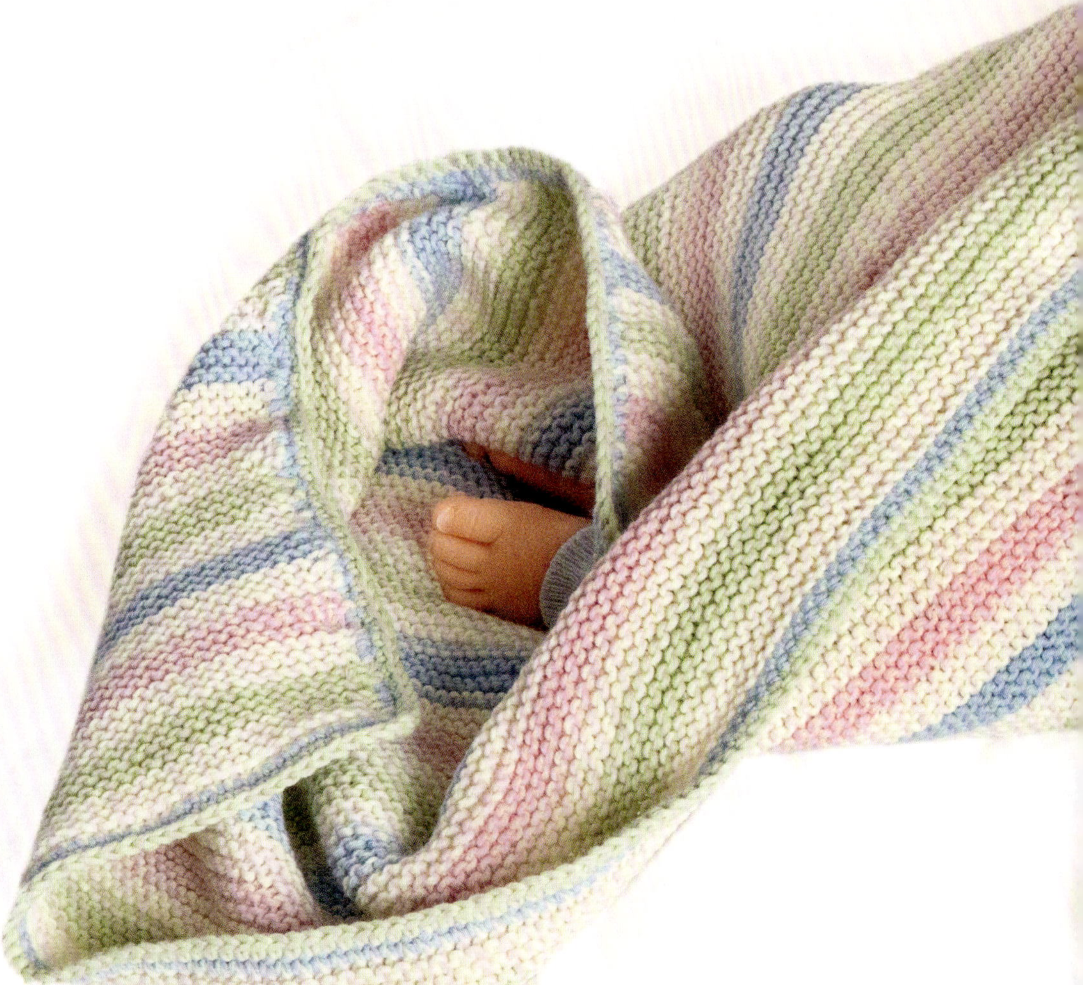

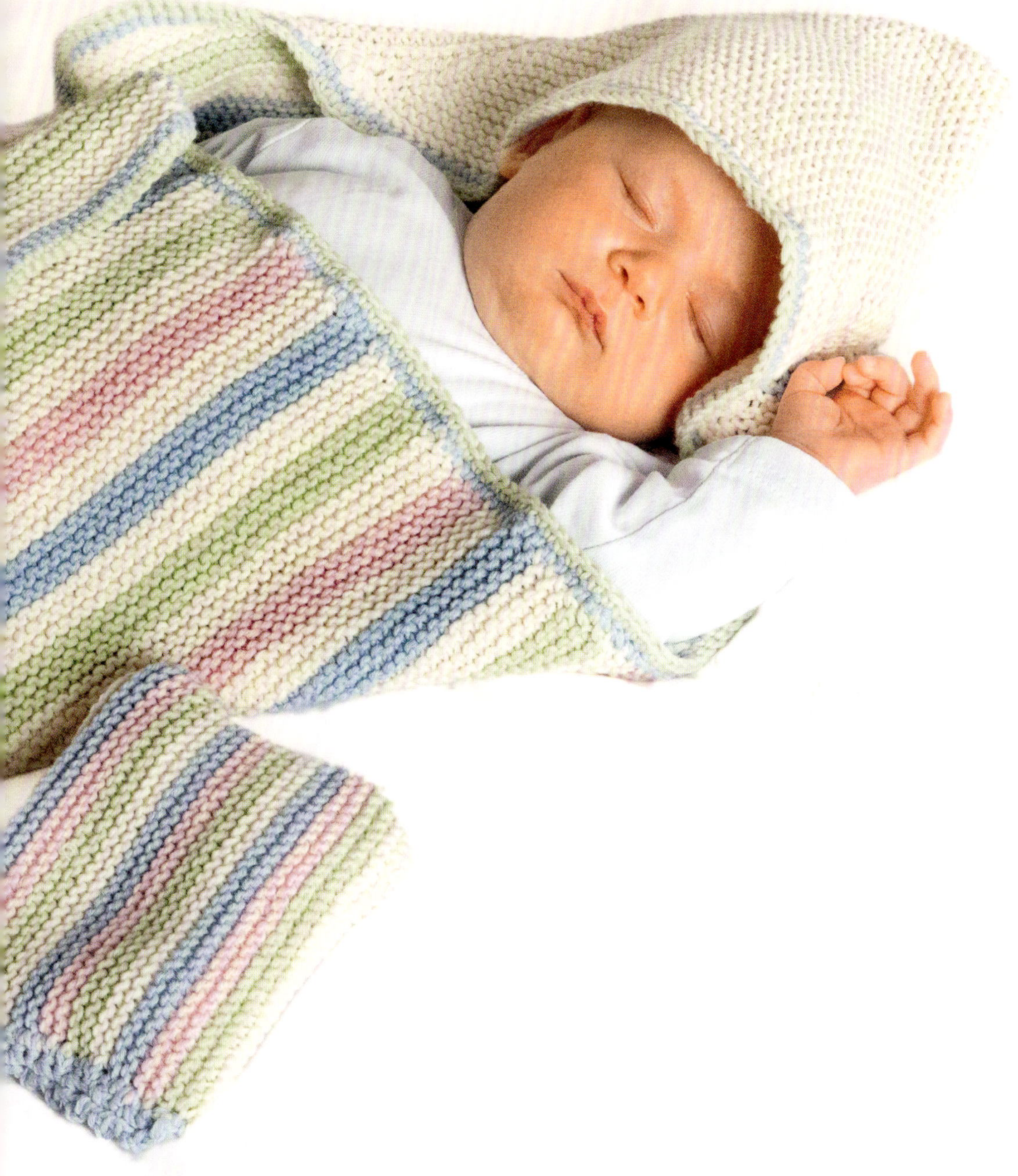

Größe: Decke ca. 70 x 80 cm, Kissen (gefüllt) 12 x 15 cm

Material

- Junghans-Wolle „Merino Cotton" (52 % Schurwolle, 48 % Baumwolle; Lauflänge 120 m/50 g): 250 g Natur und je 100 g Bleu, Limone und Rosa
- ein Rest leichter Baumwollstoff in Weiß
- ca. 130 g Dinkelspreu
- Wollnadel
- Rundstricknadel Nr. 4 (80 cm lang)
- Häkelnadel Nr. 3,5

Kraus rechts: In Hin- und Rückreihen stets rechte Maschen stricken.

Streifenfolge Kapuzendecke: * Je 6 Reihen Natur, Limone, Natur, Rosa, Natur und Bleu, ab * stets wiederholen.

Streifenfolge Wärmekissen: * Je 4 Reihen Natur, Limone, Rosa und Bleu, ab * 3-mal arbeiten.

Maschenprobe kraus rechts mit Nadel Nr. 4: 20 Maschen und 30 Reihen = 10 x 10 cm

Kapuzendecke

140 Maschen in Natur anschlagen und 65 cm (= ca. 240 Reihen) kraus rechts in der angegebenen Streifenfolge gerade hochstricken. Dann alle Maschen abketten.

Für die Kapuze 5 Maschen in Natur anschlagen und kraus rechts stricken. Dabei in jeder 2. Reihe die zweite Masche und die vorletzte Masche verdoppeln. Wenn 71 Maschen auf der Nadel sind, alle Maschen abketten. Das Kapuzendreieck an eine Spitze und die beiden entsprechenden Seiten der Decke nähen.

Die Decke mit je 1 Runde festen Maschen in Bleu und Limone umhäkeln, dabei in die Eckmaschen jeweils 3 feste Maschen arbeiten.

Die Kapuzennaht leicht dämpfen.

Wärmekissen

Die Garnreste der Kapuzendecke reichen für das Wärmekissen.

Für die Kissenvorderseite 30 Maschen in Natur anschlagen und kraus rechts in der angegebenen

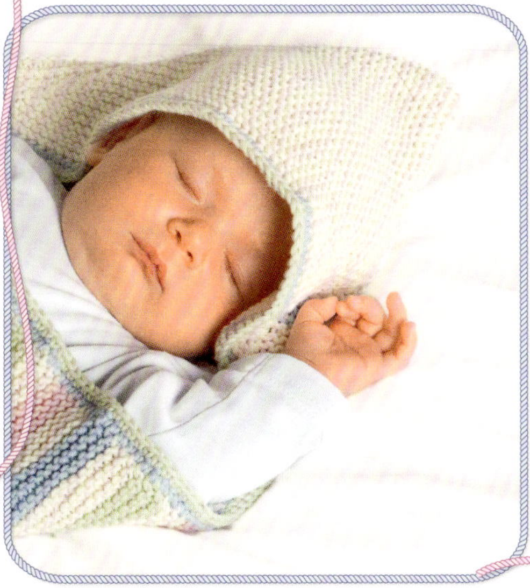

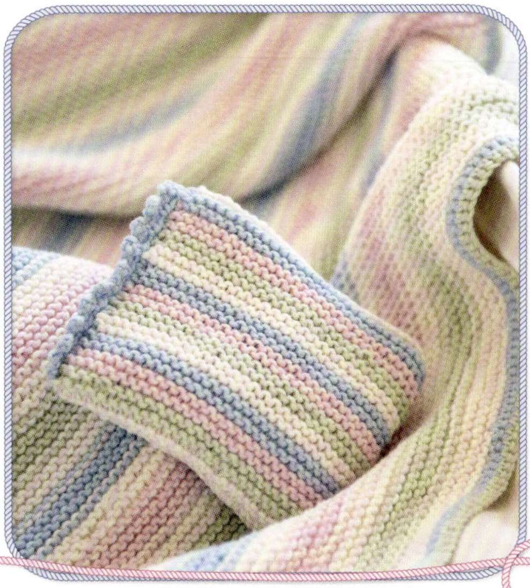

Streifenfolge stricken. Die Streifenfolge insgesamt 3-mal arbeiten, dann mit 4 Reihen Natur enden. Die Kissenrückseite genauso arbeiten. Dann beide Teile rechts auf rechts zusammennähen, eine Schmalseite offen lassen. Die Öffnung mit 1 Runde festen Maschen und 1 Picotrunde wie folgt umhäkeln: * 1 feste Masche in die nächste Masche am Kissen, 3 Luftmaschen häkeln und in die 1. Luftmasche zurückgehend 1 feste Masche häkeln, 1 Masche am Kissen übergehen, ab * stets wiederholen bis zum Rundenende, mit einer Kettmasche enden.
Aus dem Baumwollstoff in passender Größe mit der Nähmaschine ein kleines Säckchen nähen und mit der Dinkelspreu füllen. Darauf achten, dass es nicht zu schwer wird. Das Säckchen in die Kissenhülle schieben.

Tipp

Als Hülle für die Dinkelspreu eignen sich sehr gut die Brusttaschen von alten Oberhemden oder Damenblusen.

Hinweise

Decke und Kissenhülle sind im Wollprogramm kalt in der Maschine waschbar und sollten dann liegend getrocknet werden.
Das Dinkelkissen kann ohne Hülle auf der Heizung, im Backofen (50 °C) oder in der Mikrowelle etwas erwärmt werden. Um die Temperatur zu prüfen, machen Sie einfach wie bei der Babyflasche den Wangentest.

Landpartie

Hier werden lila Akzente gesetzt. Besonderes Highlight sind die Bommeln auf den Schühchen! Sind die nicht süß?

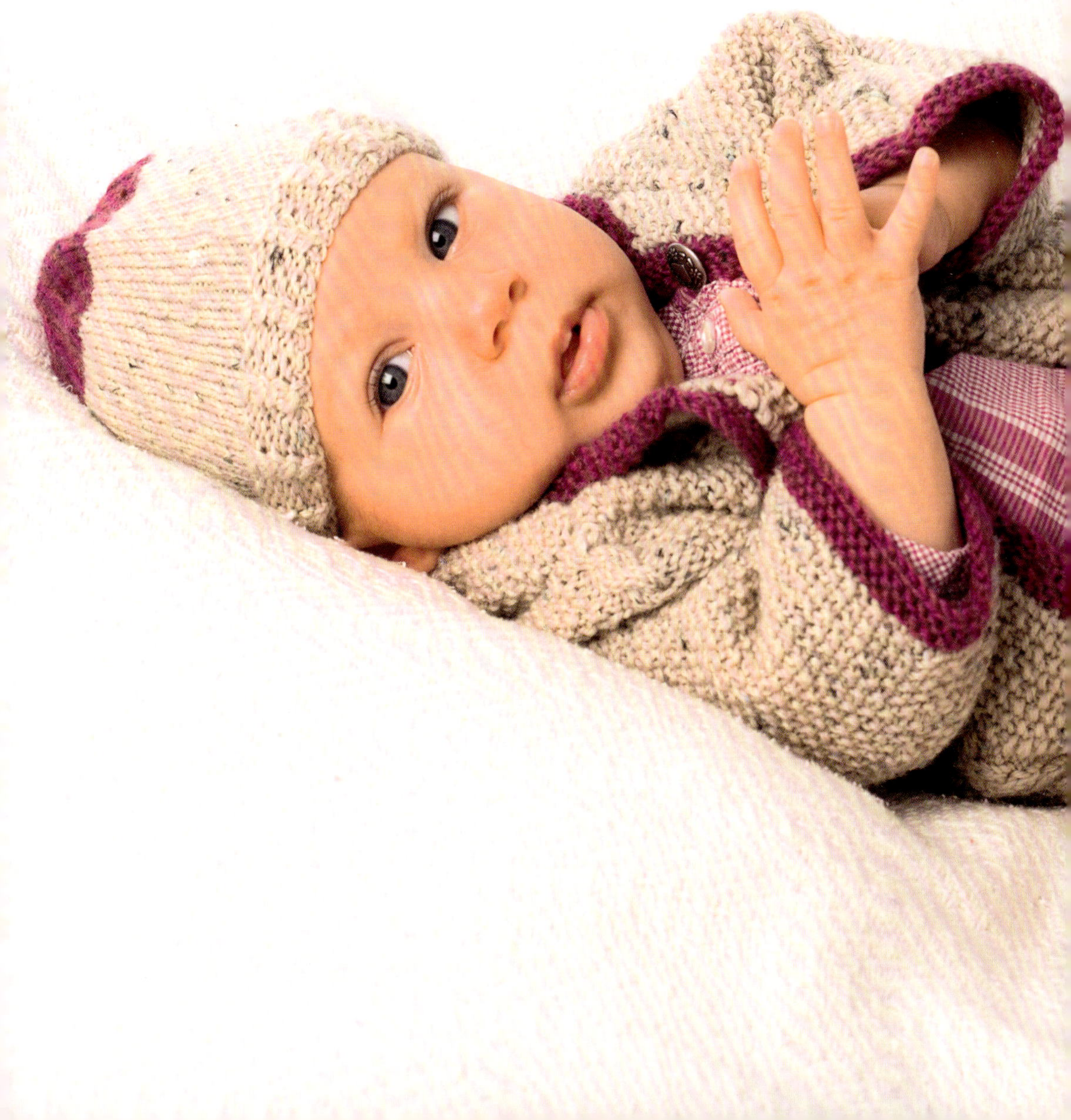

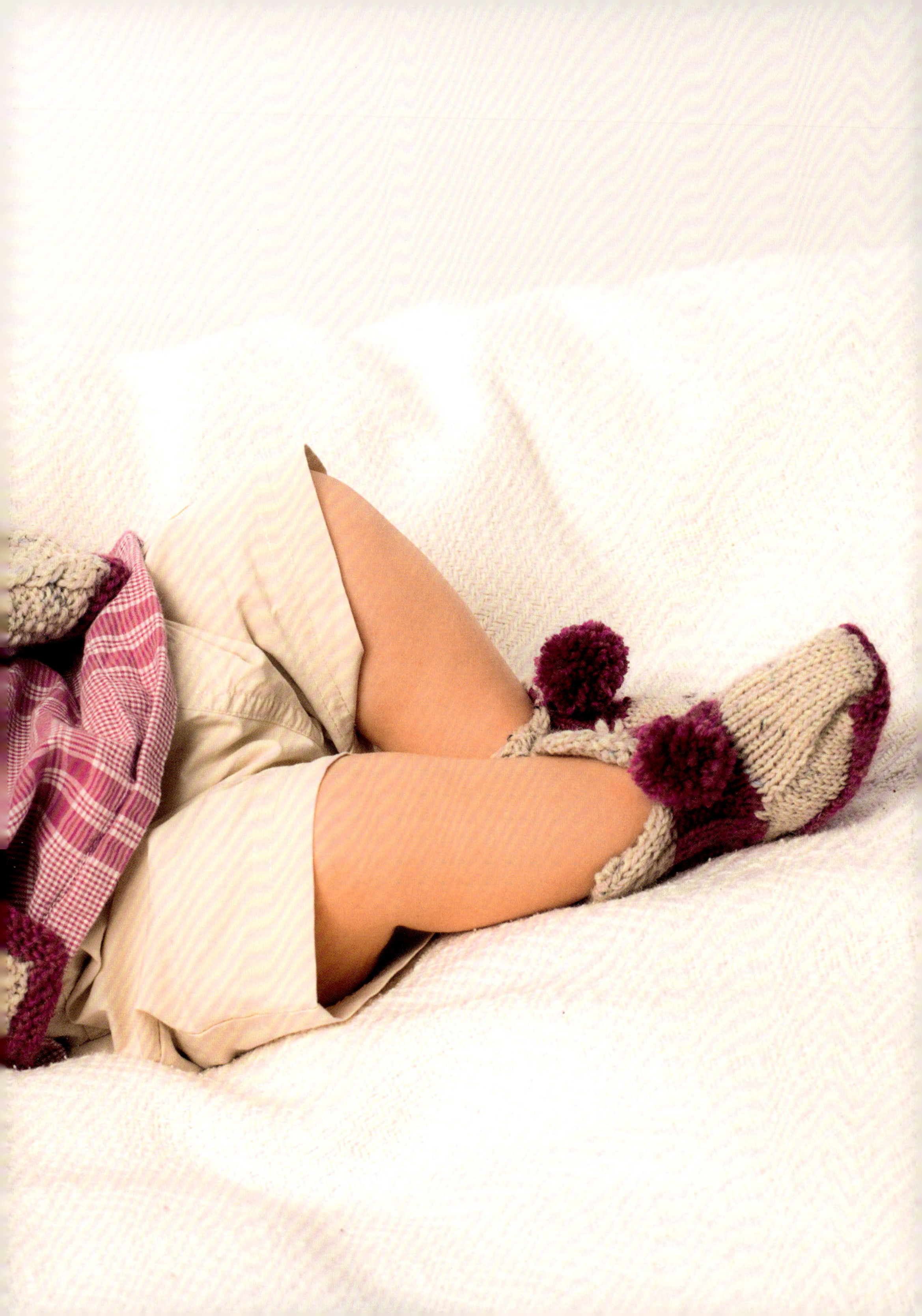

Größe: 2–5 Monate

Material

- Atelier Zitron „Trekking 6-fach uni" (75 % Schurwolle, 25 % Polyamid, Lauflänge 390 m/150 g): 300 g Natur
- Schachenmayr Regia „Tweed Trend 6-fädig" (70 % Schurwolle, 25 % Polyamid, 5 % Viskose, Lauflänge 375 m/150 g): 150 g Fuchsia (benötigt werden nur 100 g)
- 5 Horn- oder Trachtenknöpfe
- Rundstricknadel Nr. 3 (80 cm lang)
- Nadelspiel Nr. 3
- Zopf- oder Hilfsnadel
- evtl. Wollnadel

Kraus rechts: In Hin- und Rückreihen rechte Maschen stricken.

Glatt rechts: In Hinreihen rechte Maschen, in Rückreihen linke Maschen stricken, in Runden stets rechte Maschen stricken.

Kleines Perlmuster:

In Reihen gerade Maschenzahl, in Runden ungerade Maschenzahl.

1. Reihe (= Hinreihe)/Runde: 1 Masche rechts, 1 Masche links im Wechsel stricken.

2. Reihe (= Rückreihe)/Runde: 1 Masche links, 1 Masche rechts im Wechsel stricken. Die 1. und 2. Reihe/Runde stets wiederholen.

Zopfstreifen 1 über 8 Maschen in Reihen:

1. Reihe (= Rückreihe): 2 Maschen rechts, 4 Maschen links, 2 Maschen rechts stricken.

2. Reihe (= Hinreihe): Die Maschen stricken, wie sie erscheinen.

3. Reihe: Wie die 1. Reihe stricken.

4. Reihe: 2 Maschen links, 4 Maschen nach links verkreuzen (= 2 Maschen auf einer Hilfsnadel vor die Arbeit legen, 2 Maschen rechts, dann die Maschen der Hilfsnadel rechts stricken), 2 Maschen links stricken.

Zopfstreifen 1 über 8 Maschen in Runden:

1.–3. Runde: 2 Maschen links, 4 Maschen rechts, 2 Maschen links stricken.

4. Runde: 2 Maschen links, 4 Maschen nach links verkreuzen (= 2 Maschen auf einer Hilfsnadel vor die Arbeit legen, 2 Maschen rechts, dann die Maschen der Hilfsnadel rechts stricken), 2 Maschen links stricken.

Das Verkreuzen gelingt auch ohne Zopfnadel. Dazu zunächst von hinten in die 3. Masche auf der linken Nadel einstechen, die Masche rechts stricken, aber auf der linken Nadel lassen. Ebenso in die 4. Masche einstechen und diese stricken, aber auf der linken Nadel lassen. Nun die 1. und 2. Masche hintereinander rechts abstricken, dann auch

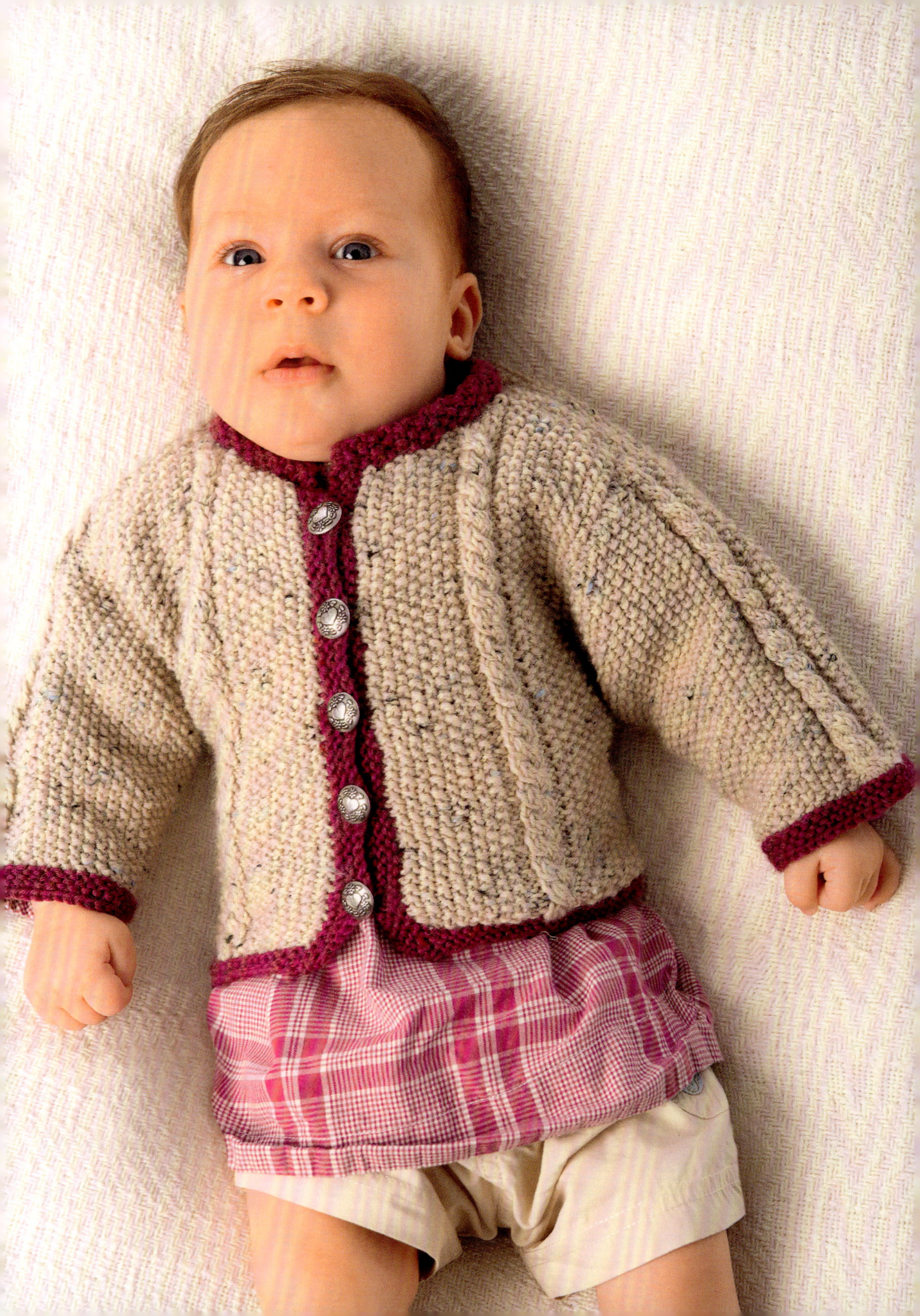

die 3. und 4. Masche von der Nadel gleiten lassen.

Zopfmuster 2 in Runden:

1. Runde: 2 Maschen rechts, 2 Maschen links im Wechsel stricken.

2. Runde: * Von hinten in die 2. rechte Masche einstechen, die Masche stricken, aber auf der Nadel lassen, in die 1. rechte Masche einstechen, diese rechts abstricken, dann auch die 2. Masche von der Nadel gleiten lassen, 2 Maschen links stricken, ab * fortlaufend wiederholen.

Die 1. und 2. Runde stets wiederholen.

Zopfmuster 2 in Reihen:

1. Reihe (= Hinreihe): 2 Maschen rechts, 2 Maschen links im Wechsel stricken.

2. Reihe (= Rückreihe): Die Maschen stricken, wie sie erscheinen.

3. Reihe: * Von hinten in die 2. rechte Masche einstechen, die Masche rechts stricken, aber auf der Nadel halten, dann in die 1. rechte Masche einstechen, diese rechts stricken, 2 Maschen links, ab * fortlaufend wiederholen.

Die 2. und 3. Reihe stets wiederholen.

Rippenmuster: 2 Maschen rechts, 2 Maschen links im Wechsel stricken.

Maschenprobe im kleinen Perlmuster mit Nadel Nr. 3: 22 Maschen und 40 Reihen = 10 x 10 cm

Trachtenjacke

Der Jackenkörper (= beide Vorderteile und das Rückenteil) wird in einem Stück gestrickt, die Ärmel werden aus den Armausschnitten herausgestrickt. Mit der Rundstricknadel 124 Maschen in Fuchsia anschlagen und 4 Reihen kraus rechts stricken. Dann in Natur weiterarbeiten. Das Strickstück wie folgt einteilen: 32 Maschen für das rechte Vorderteil, 60 Maschen für das Rückenteil, 32 Maschen für das linke Vorderteil. Den Zopfstreifen 1 über 8 Maschen beidseitig je 9 Maschen vom Rand entfernt arbeiten, über alle anderen Maschen im kleinen Perlmuster stricken.

In 12 cm Höhe ab Anschlag für die Armausschnitte beidseitig am Rückenteil und an jedem Vorderteil in jeder 2. Reihe 1-mal 3 und 1-mal 2 Maschen abketten. Die Arbeit entsprechend einteilen und getrennt fertigstellen.

Zunächst den Rücken fertigstricken und in 11 cm Armausschnitthöhe die mittleren 18 Maschen abketten. Beidseitig davon für die Halsrundung in jeder 2. Reihe 2-mal 1 Masche abnehmen. In 12 cm Armausschnitthöhe die restlichen 14 Schultermaschen stilllegen oder abketten.

Für das linke Vorderteil ebenfalls nach den Armausschnittabnahmen weiter gerade hochstricken. Bei 10 cm Armausschnitthöhe für den Halsausschnitt am linken Rand 9 Maschen abketten, anschließend für die Halsrundung in jeder 2. Reihe 1-mal 2 und 2-mal 1 Masche abnehmen. Die restlichen 14 Maschen stilllegen oder abketten. Das rechte Vorderteil gegengleich fertigstellen.

Das Teil leicht spannen, feststecken, anfeuchten und unter einem Tuch trocknen lassen. Anschließend die Schulternähte durch Zusammennähen oder Zusammenstricken schließen.

Die Ärmel werden auf dem Nadelspiel angestrickt. Dafür von rechts aus den Armausschnittkanten 55–65 Maschen auffassen und 2 Runden im kleinen Perlmuster stricken. Dann den Zopfstreifen 1 in Runden über die mittleren 8 Maschen des Ärmels arbeiten, über die restlichen Maschen im kleinen Perlmuster stricken. Dabei für die Ärmelschrägung 9-mal in jeder 4. Runde 2 Maschen abnehmen (= es werden insgesamt 18 Maschen abgenommen). Da auf einem Nadelspiel gestrickt wird, werden die Abnahmen auf der Unterseite des Ärmels 1-mal am Ende der Nadel gearbeitet, die auf der unteren Ärmelmitte endet: Dazu über alle Maschen bis zur drittletzten Masche stricken, dann 3 Maschen rechts überzogen zusammenstricken (= 1 Masche abheben, 2 Maschen rechts zusammenstricken und die abgehobene Masche darüberziehen) oder 3 Maschen mustergemäß zusammenstricken. So passen sich die Abnahmen ins Strickbild ein. Bei einer Ärmellänge von 17 cm über die restlichen Maschen noch 3 Runden linke Maschen in Fuchsia stricken, dann nicht zu fest abketten.

Für die Vorderteilblenden aus den Kanten der Vorderteile in Fuchsia 45–50 Maschen auffassen und 3 Reihen kraus rechts stricken, dabei an einer Seite in gleichmäßigen Abständen fünf Knopflöcher einarbeiten. Dafür jeweils 1 Umschlag arbeiten und anschließend 2 Maschen rechts zusammenstricken.

Für den Halsausschnitt aus den vorderen Ausschnittkanten je 21 Maschen und dem rückwärtigen Halsausschnitt 18 Maschen in Fuchsia auffassen und 3 cm im Perlmuster stricken. Alle Maschen abketten und den Abkettrand nach innen umschlagen und festnähen. Die Knöpfe festnähen.

Hinweis

Knöpfe an Kleinstkinderkleidung sind kein Problem, da unsere Allerkleinsten damit noch nicht spielen können. Trotzdem gut festnähen, am besten mit dreifach gelegtem Nähgarn.

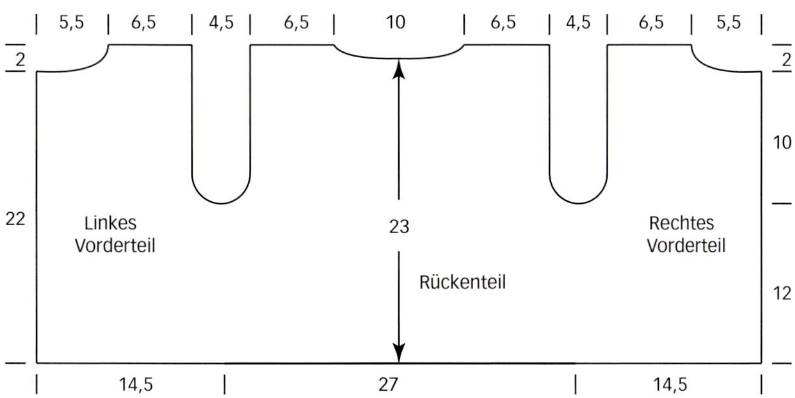

Die Ärmel werden aus den Armausschnitten herausgestrickt.

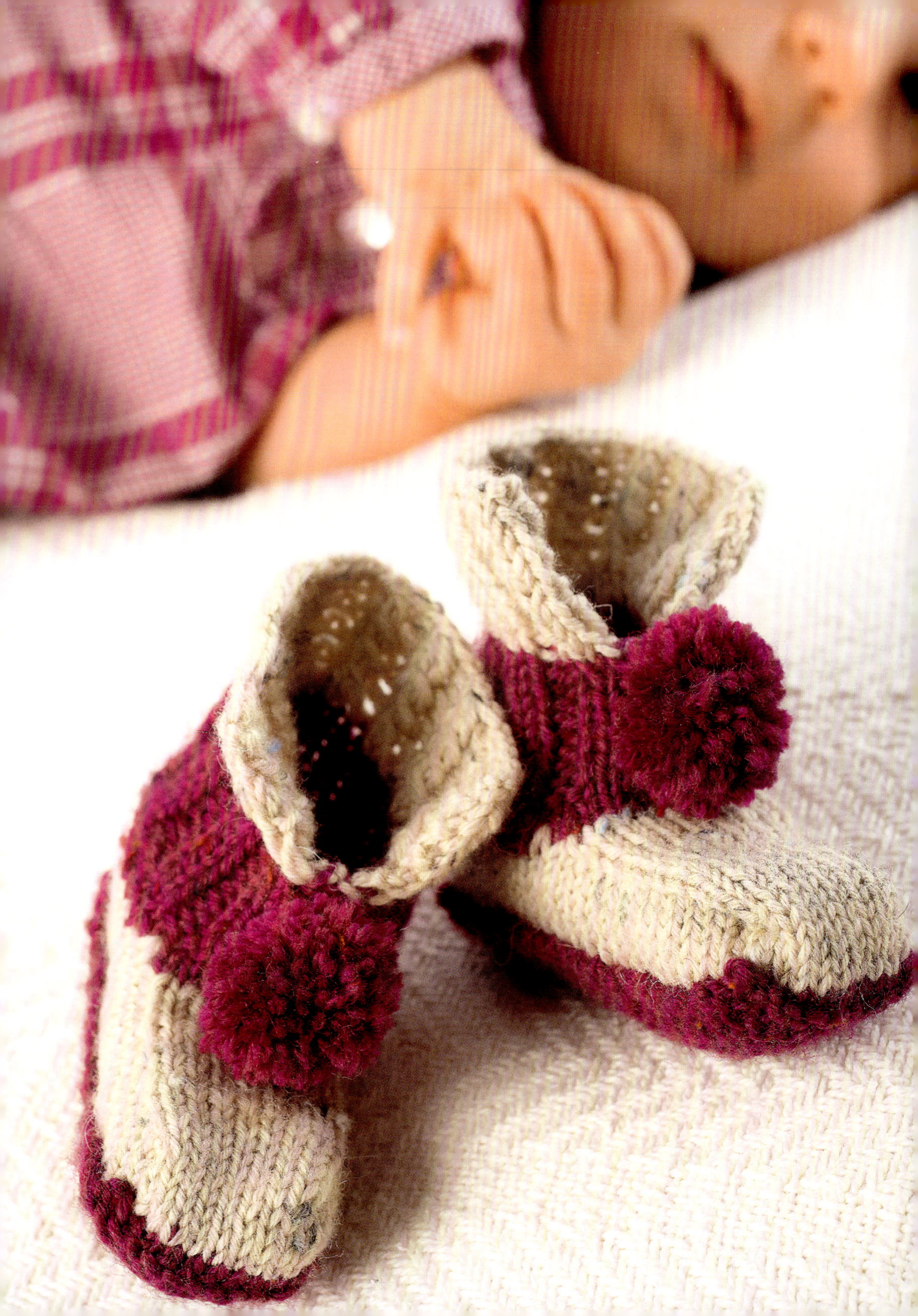

Mütze

80 Maschen in Natur anschlagen, gleichmäßig auf vier Nadeln des Nadelspiel verteilen, zur Runde schließen und 8 Runden im Zopfmuster 2 stricken. Dann glatt rechts weiterarbeiten. Ab einer Mützenhöhe von 8 cm ab Anschlag zu Fuchsia wechseln, weitere 2 Runden glatt rechts stricken und dann mit den Abnahmen beginnen. Dazu auf jeder Nadel die 9. und 10. Masche rechts zusammenstricken. Die Abnahmen in jeder 2. Runde jeweils über der vorherigen Abnahme wiederholen (= 8. und 9. Masche, 7. und 8. Masche usw.). Wenn sich auf jeder Nadel noch 2 Maschen befinden, diese mit einem Faden zusammenziehen und diesen gut vernähen.

Schühchen (2-mal)

36 Maschen in Natur anschlagen und zunächst in Reihen auf zwei Nadeln des Nadelspiels 9 Reihen im Zopfmuster 2 stricken. Zu Fuchsia wechseln und in einer Rückreihe die Maschen auf vier Nadeln des Nadelspiels verteilen (= 10-8-10-8 Maschen) und zur Runde schließen. Die Nadeln mit 8 Maschen bilden die Seiten und die Nadeln mit 10 Maschen jeweils Ferse und Fußblatt. 10 Runden im Rippenmuster und 2 Runden glatt rechts stricken. Nun die Maschen der 1. und 2. Nadel stricken, dann für das Fußblatt in Natur nur über die 10 Maschen der 3. Nadel 14 Reihen glatt rechts stricken, die restlichen 26 Maschen stilllegen. Anschließend wieder wie folgt über alle Maschen arbeiten: Die 10 Maschen des Fußblatts stricken, 14 Maschen aus dem seitlichen Rand des Fußblatts auffassen, die 26 stillgelegten Maschen stricken, wieder 14 Maschen aus dem seitlichen Rand des Fußblatts auffassen = 10-22-10-22 = 64 Maschen insgesamt. Über alle Maschen glatt rechts 6 Runden in Natur und dann noch 1 Runde in Fuchsia stricken.
Für die Sohle in Fuchsia nur über die 10 Maschen der 3. Nadel kraus rechts in Reihen stricken, dabei am Ende jeder Reihe die letzte Masche der Nadel mit 1 Masche der seitlichen Nadel rechts zusammenstricken. Wenn alle seitlichen Maschen abgestrickt sind, den Schuh im Maschenstich schließen oder wenden und zusammenstricken, dabei abketten.
Zwei kleine Pompons in Fuchsia anfertigen und jeweils vorn auf ein Schühchen nähen.

Tipp

Wenn Sie die Schühchen etwas größer arbeiten möchten, schlagen Sie einfach 4 Maschen mehr an und stricken das Fußblatt 16–18 Reihen hoch.

Pflegehinweis

Da es sich hier um Sockenwolle (75 % Schurwolle, 25 % Polyamid) handelt, kann die Garnitur bei Bedarf bei 30 °C in der Maschine gewaschen werden. Keinen Weichspüler verwenden, liegend trocknen.

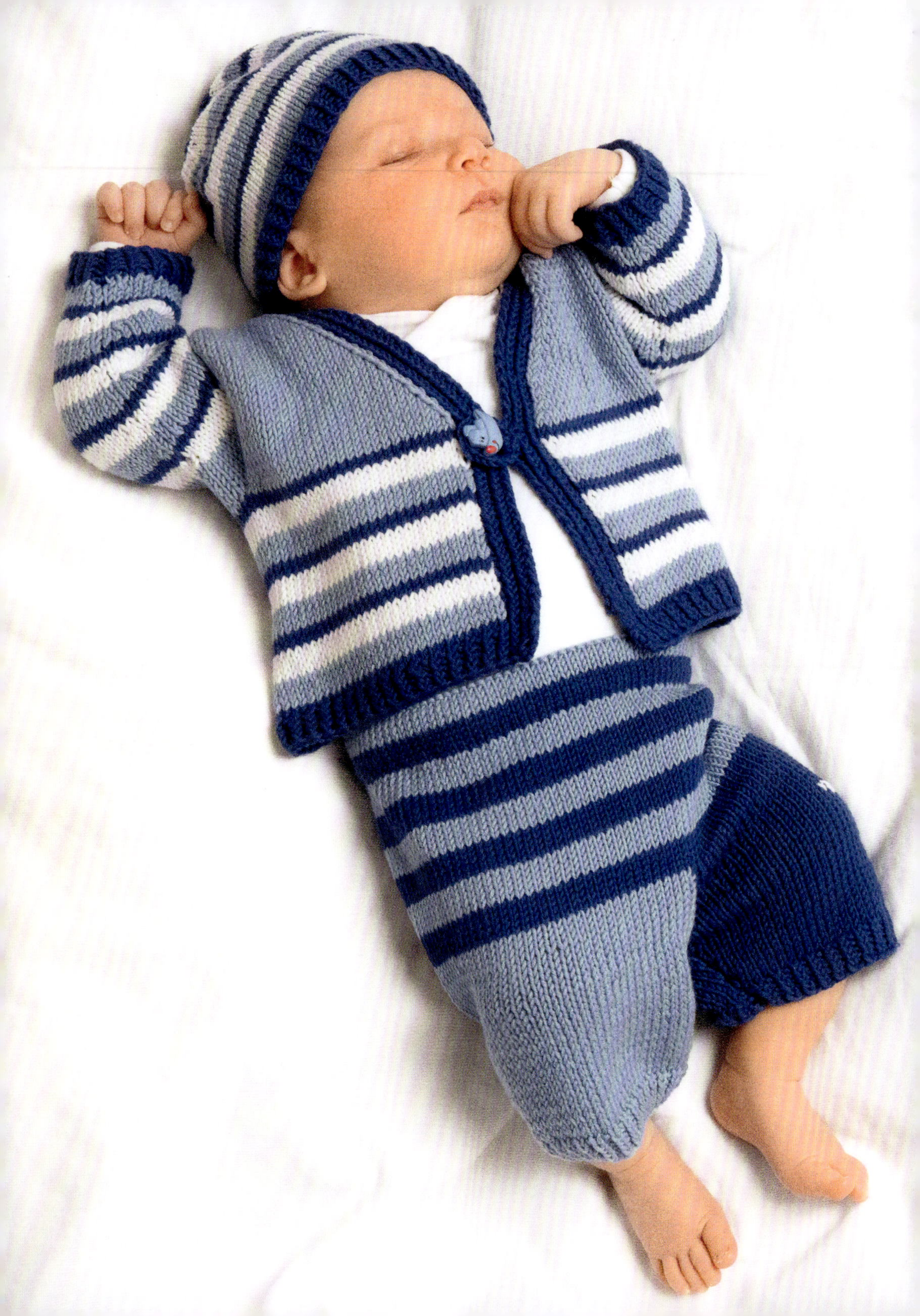

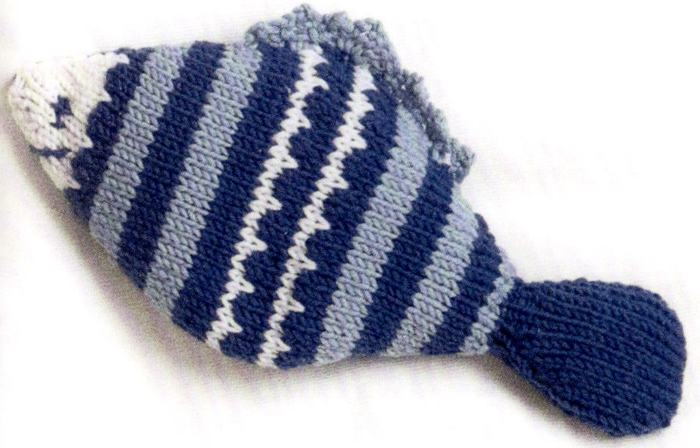

Leichtmatrose

Seemann, ahoi! Das lebhafte Marineoutfit
ergänzt ein fröhlich gestreifter Fisch.

Größe: 2–4 Monate, Mütze Kopfumfang ca. 37–39 cm, Fisch (gefüllt) ca. 12 x 20 cm

Material

- Schulana „Merino-Cotton 135" (53 % Schurwolle, 47 % Baumwolle, Lauflänge 135 m/50 g): 100 g Blaugrau, je 50 g Königsblau und Weiß
- Rundstricknadel Nr. 3,5 (60 cm lang)
- je 1 Nadelspiel Nr. 3 und Nr. 3,5
- Häkelnadel Nr. 3
- Babygummiband, 1 cm breit, in erforderlicher Länge
- 1 Dekoknopf für die Jacke
- etwas Füllwatte
- evtl. Quietsch- oder Rasselelement für den Fisch
- Wollnadel

Rippenmuster: 1 Masche links, 1 Masche rechts im Wechsel stricken.

Glatt rechts: In Hinreihen rechte Maschen, in Rückreihen linke Maschen stricken, in Runden stets rechte Maschen stricken.

Streifenfolge Jacke und Mütze: * 4 Reihen/Runden Blaugrau, 4 Reihen/Runden Weiß, 2 Reihen/Runden Königsblau, ab * so oft wie in der Anleitung angegeben wiederholen.

Maschenprobe glatt rechts mit Nadel Nr. 3,5: 24 Maschen und 32 Reihen = 10 x 10 cm

Hose

Die Hose wird ohne Nähte gearbeitet. Für das linke Hosenbein mit der Rundstricknadel 59 Maschen in Königsblau anschlagen und 6 Reihen im Rippenmuster stricken. Dann glatt rechts stricken und dabei erst 4-mal in jeder 4. Reihe beidseitig 1 Masche zunehmen, danach noch 3-mal in jeder 2. Reihe beidseitig 1 Masche zunehmen (= 73 Maschen). Nun für den Zwickel wie folgt arbeiten: Beidseitig in jeder 2. Reihe 1-mal 4, 1-mal 2 und 1-mal 1 Masche abketten (= 59 Maschen). Die Maschen stilllegen.

Das rechte Hosenbein in Blaugrau ebenso arbeiten. Dann die Maschen beider Beine auf eine Rundstricknadel nehmen und in Königsblau glatt rechts in Runden weiterstricken. Die Randmaschen der beiden Beine jeweils zusammenstricken (= 57 Maschen). Nach jeweils 4 Runden die Farbe wechseln. In 26 cm Gesamthöhe 1 Runde linke Maschen stricken, dann für die Bundinnenseite noch 6 Reihen glatt rechts. Alle Maschen abketten. Den Bund nach innen schlagen und festnähen. Die offenen Kanten dienen als Durchzug für das Gummiband.

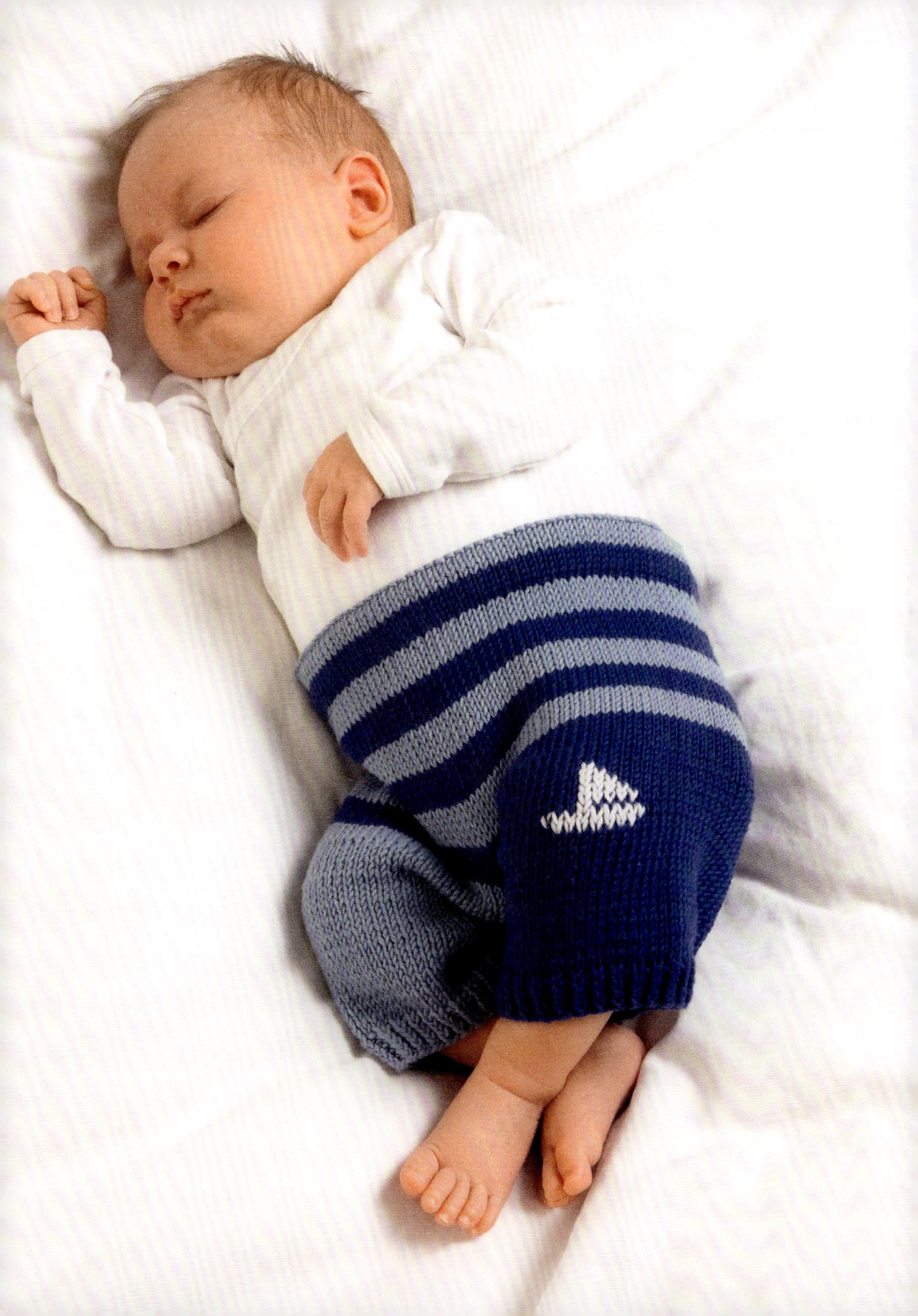

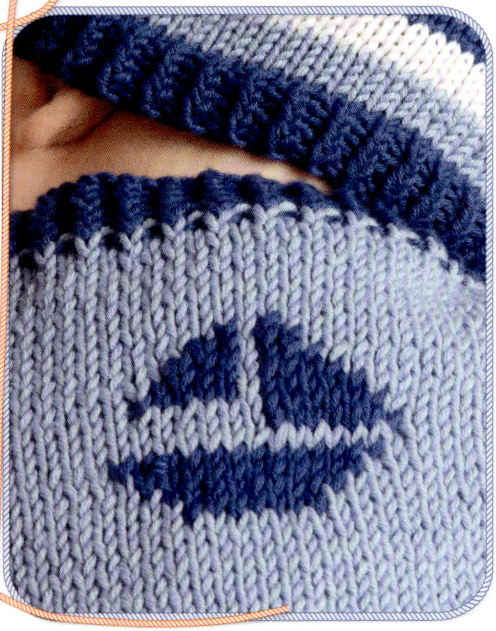

Kleines Schiff

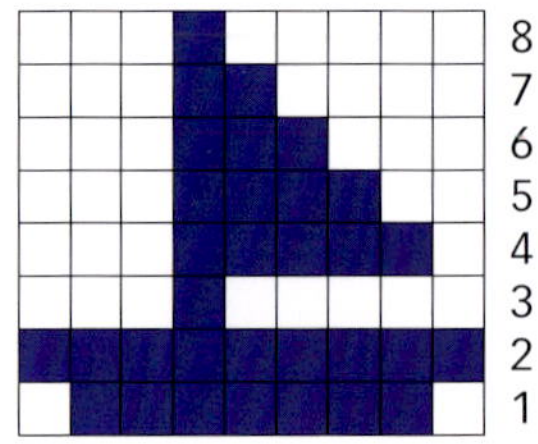

Großes Schiff

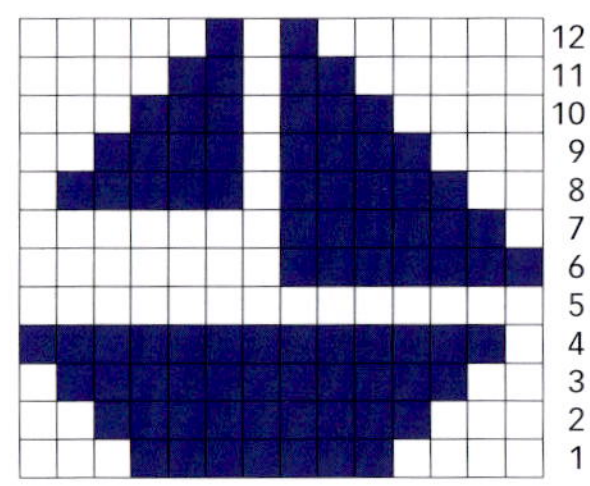

Die Hose auf links drehen und die offenen Beinnähte leicht dämpfen, danach schließen.
Auf ein Hosenbein im Maschenstich in Weiß ein kleines Schiff gemäß Zählmuster aufsticken.

Tipp

Die Hose lässt sich auch länger stricken. Dazu die Zunahmen in jeder 4. oder 6. Reihe arbeiten.

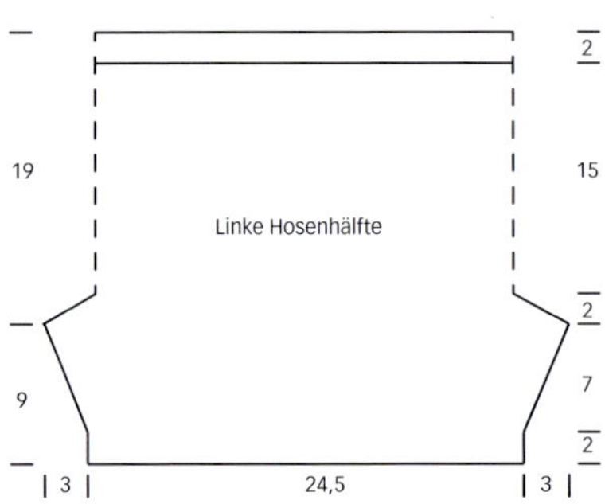

Jäckchen

Der Jackenkörper (= beide Vorderteile und das Rückenteil) wird in einem Stück gestrickt, die Ärmel werden aus den Armausschnitten herausgestrickt.
Für die Jacke 133 Maschen in Königsblau anschlagen. 5 Reihen im Rippenmuster stricken. Nun in folgender Einteilung weiterarbeiten, dabei mit 1 Rückreihe beginnen: 6 Maschen Rippenmuster (= Randmasche + 5 Maschen) für die Blende, 121 Maschen glatt rechts, 6 Maschen Rippenmuster (= 5 Maschen + Randmasche) für die

Blende. Die Rippenblenden in Königsblau, über die mittleren 121 Maschen 3-mal die Streifenfolge arbeiten und anschließend noch 2 Reihen in Blaugrau stricken. Danach die Rippenblenden weiter in Königsblau, über alle anderen Maschen in Blaugrau wie folgt stricken und an den vorderen Kanten abnehmen sowie für die Armausschnitte abketten: 6 Maschen für die Rippenblende stricken, 2 Maschen überzogen zusammenstricken, 27 Maschen für das Vorderteil stricken, 4 Maschen für den Armausschnitt abketten, 55 Maschen für das Rückenteil stricken, 4 Maschen für den Armausschnitt abketten, 27 Maschen für das Vorderteil stricken, 2 Maschen rechts zusammenstricken, 6 Maschen für die Rippenblende stricken.

Alle Teile getrennt beenden. An den Vorderteilen die betonten Abnahmen über den gleichen Stellen in jeder 2. Reihe wiederholen, bis noch jeweils 10 Maschen + 6 Blendenmaschen für die Vorderteile auf der Nadel sind.

Das Rückenteil gerade hochstricken, die letzten 5 Reihen in Königsblau wie folgt stricken: 10 Maschen glatt rechts, 35 Maschen im Rippenmuster für die Halsausschnittblende, 10 Maschen glatt rechts. Alle Maschen abketten.

Bevor die Schulternähte geschlossen werden, das Teil etwas spannen und leicht dämpfen.

Für die Ärmel aus den Armausschnitten mit dem Nadelspiel Nr. 3,5 jeweils 50 Maschen auffassen, in Runden glatt rechts und in der Streifenfolge weiterstricken. Für die Abnahmen in jeder 4. Runde am Anfang der 1. Nadel und am Ende der 4. Nadel für die Ärmelschrägung jeweils 1 Masche abnehmen. Ist die Streifenfolge 4-mal gearbeitet, noch 4 Runden Blaugrau stricken und dann noch 5 Runden im Rippenmuster anschließen. Alle Maschen abketten.

Auf das Rückenteil der Jacke im Maschenstich in Königsblau ein großes Schiff gemäß Zählmuster aufsticken. Um das Jäckchen zu schließen, nach Wunsch noch Bindebänder aus Luftmaschen und festen Maschen oder wie hier an einem Vorderteil eine Öse aus Luftmaschen anhäkeln, die dann mit festen Maschen umhäkelt wird, und am anderen Vorderteil einen Knopf annähen.

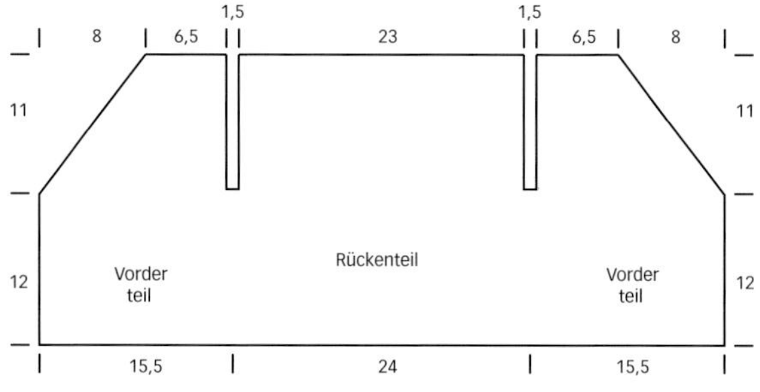

Die Ärmel werden aus den Armausschnitten herausgestrickt.

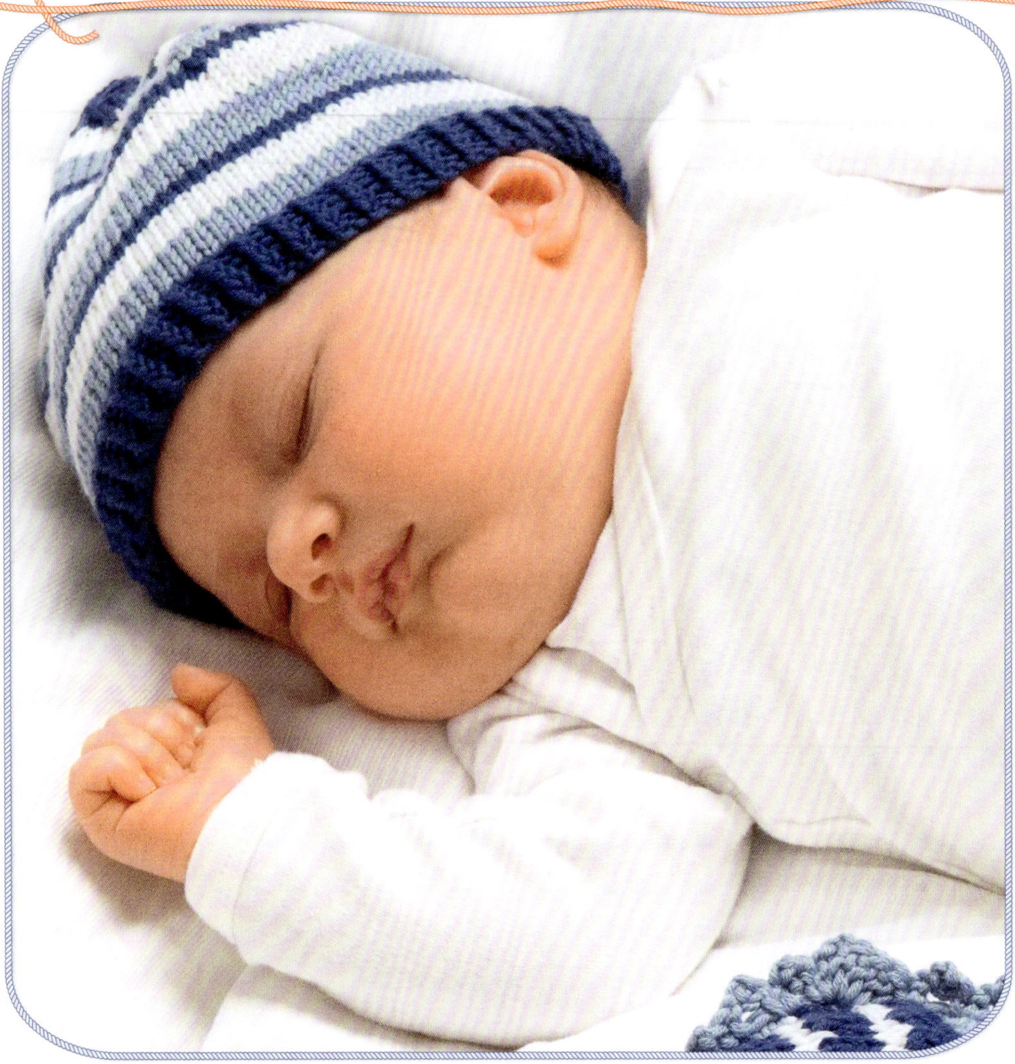

Mütze

92 Maschen in Königsblau anschlagen, gleichmäßig auf vier Nadeln des Nadelspiels Nr. 3 verteilen und zur Runde schließen. Für das Bündchen 5 Runden im Rippenmuster stricken, danach glatt rechts in der Streifenfolge arbeiten. Dabei nach der zweiten Streifenfolge, also nach 20 Runden mit den Abnahmen wie folgt beginnen: Am Anfang der 1. und 3. Nadel 1 Masche rechts stricken, 2 Maschen rechts überzogen zusammenstricken, am Ende der 2. und 4. Nadel die dritt- und zweitletzte Ma-

sche rechts zusammenstricken, 1 Masche rechts stricken. Diese Abnahmen noch 2-mal in jeder 3. Runde, dann 2-mal in jeder 2. Runde und dann 9-mal in jeder Runde wiederholen (= 36 Maschen). Nach Abschluss der vierten Streifenfolge (= 40 Runden) in Königsblau noch 4 Runden ohne Abnahmen stricken. Dann die obere Öffnung der Mütze durch Zusammenstricken der Maschen der 1. und 4. Nadel und der 2. und 3. Nadel und gleichzeitiges Abketten schließen.

Fisch

14 Maschen in Königsblau auf zwei Spielnadeln Nr. 3 anschlagen und 13 Reihen glatt rechts stricken. Anschließend 4-mal beidseitig in jeder 2. Reihe 1 Masche abnehmen (= 6 Maschen). 3 Reihen glatt rechts stricken. Dann in der Streifenfolge 4 Reihen Blaugrau, 4 Reihen Königsblau glatt rechts weiterarbeiten, dabei wie folgt für den Fischkörper zunehmen: beidseitig in jeder 2. Reihe 12-mal 1 Masche (= 30 Maschen). Nun die folgende Streifenfolge glatt rechts ohne Zunahmen stricken: 2 Reihen Weiß, dabei in der Hinreihe bei jeder 3. Masche 2 Reihen tiefer einstechen, 4 Reihen Königsblau, 2 Reihen Weiß, dabei wieder in der Hinreihe bei jeder 3. Masche 2 Reihen tiefer einstechen, 4 Reihen Königsblau. Anschließend zweimal in der Streifenfolge 4 Reihen Blaugrau, 4 Reihen Königsblau glatt rechts weiterstricken und beidseitig 5-mal in jeder 3. Reihe 1 Masche abnehmen (= 20 Maschen). Für den Kopf in Weiß weiterstricken, dabei wieder in der Hinreihe bei jeder 3. Masche 2 Reihen tiefer einstechen und beidseitig in jeder 2. Reihe 8-mal 1 Masche abnehmen. Zuletzt je 2 Maschen rechts zusammenstricken, die letzten 2 Maschen mit dem Arbeitsfaden zusammenziehen. Die Rückseite genauso arbeiten, dabei die angegebenen Streifenfolgen stricken oder einfarbig in Königsblau arbeiten.

Den Fisch rechts auf rechts an den Außenkanten zusammennähen und oben eine Öffnung zum Füllen lassen. Füllmaterial und Quietsch- oder Rasselelement einlegen. Die Öffnung mit festen Maschen zusammenhäkeln. Für die Rückenflosse mit einer Kettmasche anschlingen und einen Picotrand wie folgt häkeln: * 1 feste Masche in die nächste Masche am Fischkörper, 3 Luftmaschen häkeln und in die 1. Luftmasche zurückgehend 1 feste Masche häkeln, 1 Masche am Fischkörper übergehen, ab * 7-mal wiederholen, mit einer Kettmasche enden. Mund und Augen gemäß Foto in Königsblau aufsticken.

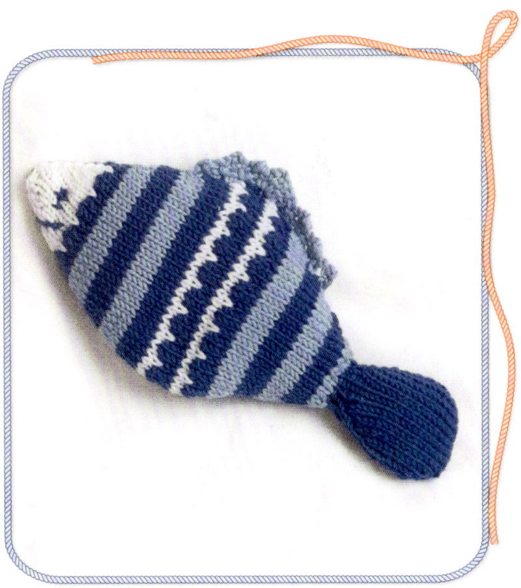

Workshop Stricken

2 Maschen rechts zusammenstricken

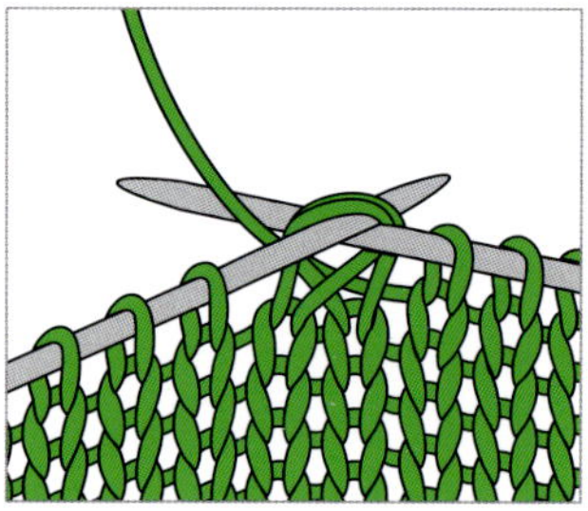

Von links nach rechts in die vorderen Maschenglieder der 2 rechten Maschen einstechen.

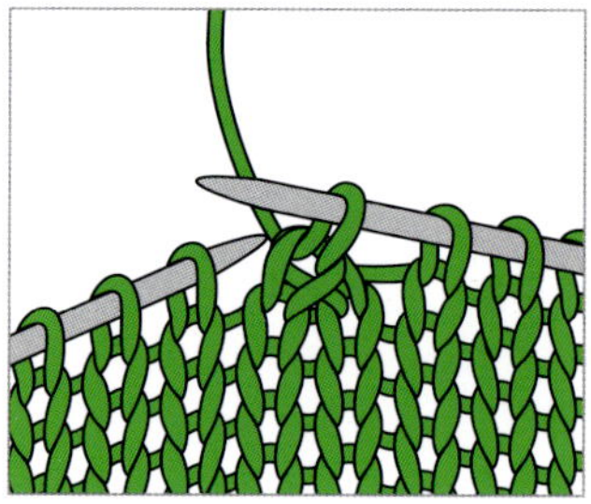

Den Faden wie zum Rechtsstricken nach vorn durchziehen und beide Maschen von der linken Nadel gleiten lassen.

2 Maschen links zusammenstricken

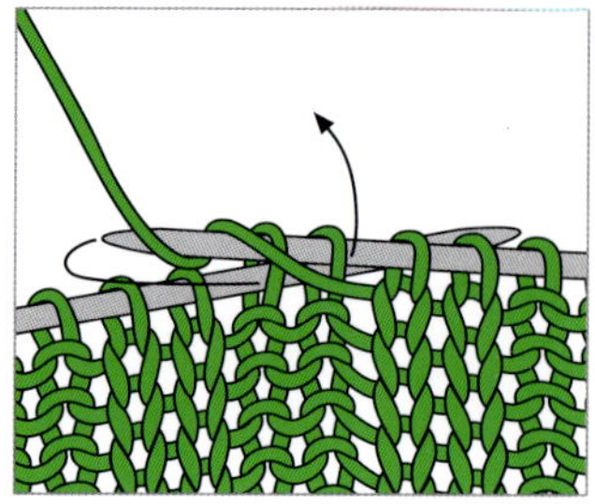

Von rechts nach links in die vorderen Maschenglieder einstechen. Den Faden wie zum Linksstricken durch beide Maschen ziehen und diese Maschen von der linken Nadel gleiten lassen.

2 Maschen rechts überzogen zusammenstricken

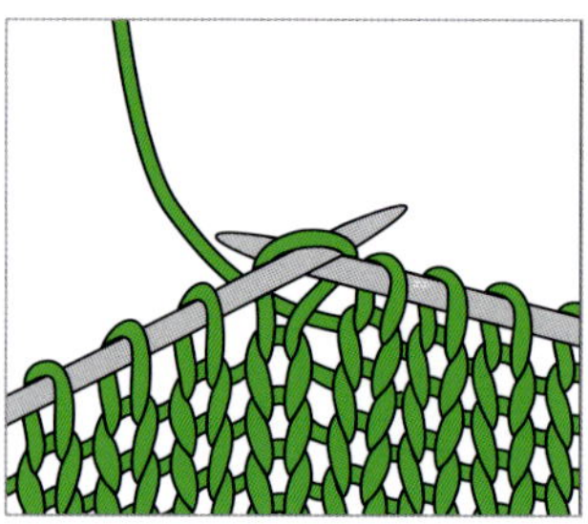

Die erste Masche wie zum Rechtsstricken abheben.

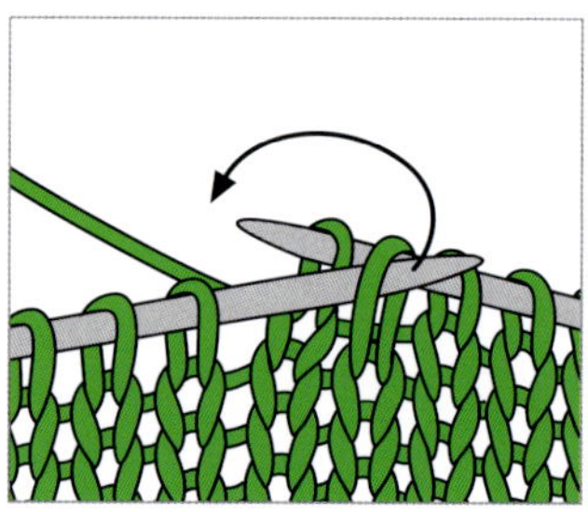

Die folgende Masche rechts stricken und die abgehobene Masche über die gestrickte heben.

Doppelter Überzug

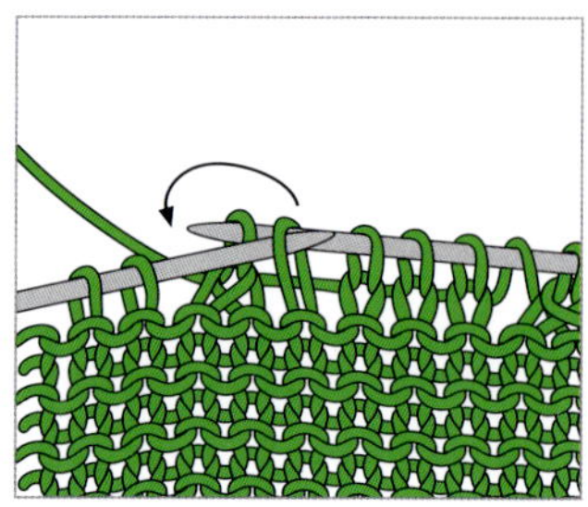

3 Maschen überzogen zusammenstricken: 1 Masche wie zum Rechtsstricken abheben, die folgenden 2 Maschen rechts zusammenstricken und die abgehobene Masche darüberziehen.

Abnahmen

Beidseitig abnehmen bedeutet, dass der Arbeitsschritt an beiden Seiten des Strickstücks durchzuführen ist, am Reihenanfang nach der 1. Masche, am Reihenende vor der letzten Masche der Reihe.

Für symmetrische, sogenannte **betonte Abnahmen** wird am Reihenanfang anders abgenommen als am Reihenende: Am rechten Rand werden die Maschen überzogen zusammengestrickt (= nach links geneigte Abnahme). Am linken Rand werden die Maschen rechts zusammengestrickt (= rechts geneigte Abnahme).

Verzopfung nach links

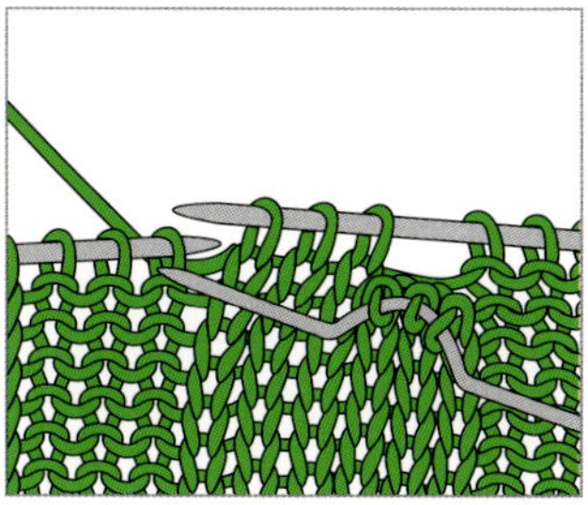

3 Maschen auf eine Hilfsnadel heben und vor die Arbeit legen, die folgenden 3 Maschen der linken Nadel rechts stricken. Anschließend die 3 Maschen der Hilfsnadel rechts stricken.

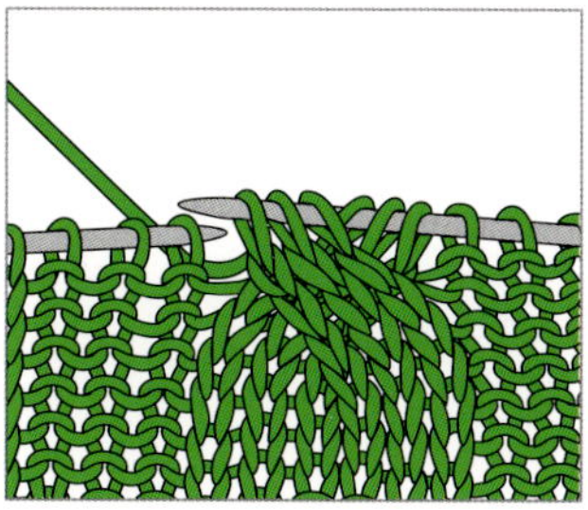

Anschließend die 3 Maschen der Hilfsnadel rechts stricken.

Zunehmen/Verdoppeln

Aus 1 Masche 2 Maschen herausstricken: Für eine Rechts-Zunahme wie zum Rechtsstricken in die Masche einstechen, den Faden holen, die Masche nicht von der linken Nadel gleiten lassen, sondern von hinten (rechts verschränkt) einstechen, den Faden holen. Nun die Masche von der Nadel gleiten lassen.

Für eine Links-Zunahme ebenso arbeiten, aber wie zum Linksstricken einstechen und das zweite. Mal von hinten (links verschränkt) einstechen.

Verzopfung nach rechts

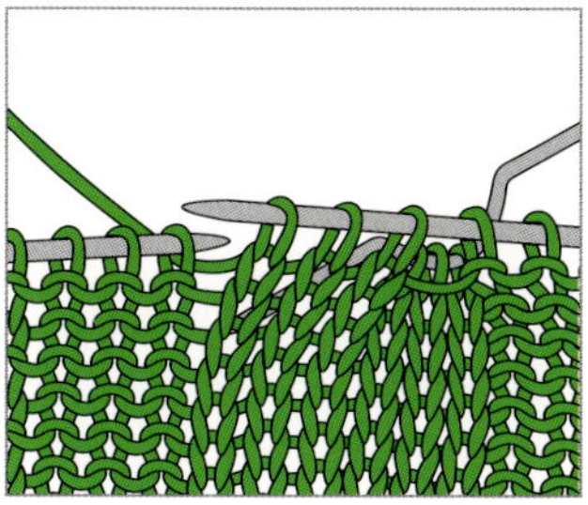

3 Maschen auf eine Hilfsnadel heben und vor die Arbeit legen, die folgenden 3 Maschen der linken Nadel rechts stricken.

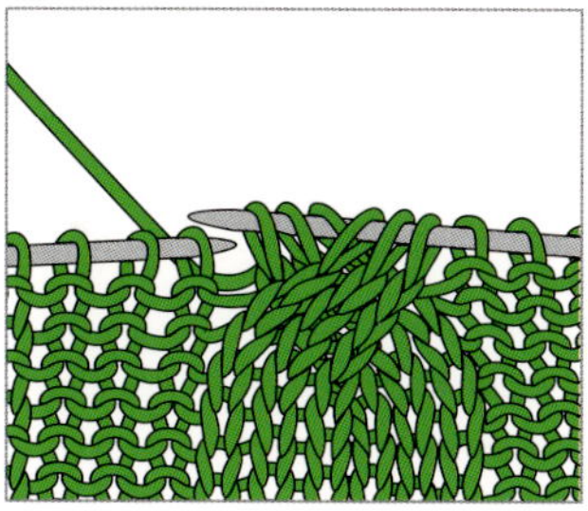

Anschließend die 3 Maschen der Hilfsnadel rechts stricken.

Fäden vernähen

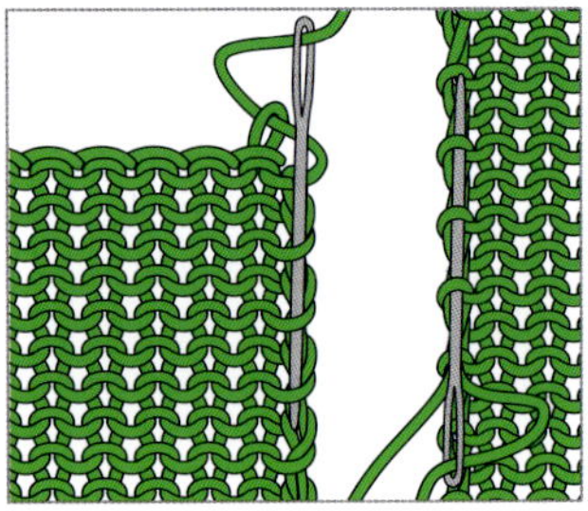

Die Fadenenden mit einer Wollnadel in die Randmaschen einziehen, dabei einen Faden nach oben, den anderen nach unten ziehen. Bei zusammengenähten Strickteilen die Fäden in die Naht einziehen.

Matratzenstich

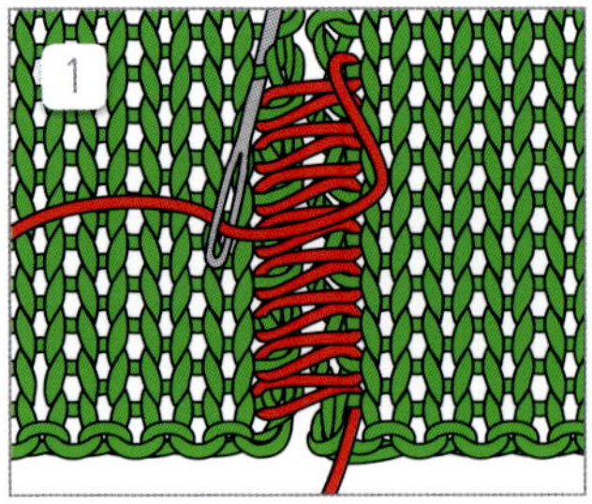

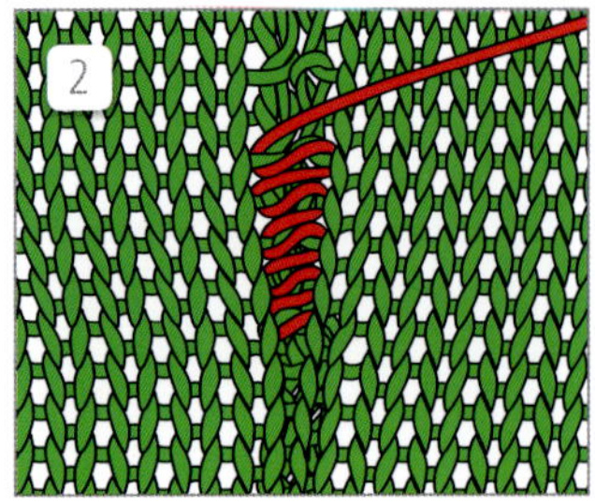

Die Teile mit der Vorderseite nach oben parallel nebeneinanderlegen. Die Naht vorher von links mit Stecknadeln zusammenstecken, so verrutscht nichts. Die Stecknadeln dann nach und nach herausziehen. Mit der Nadel den Querfaden zwischen der Randmasche und der 1. Masche erfassen, Faden durchziehen. Auf der anderen Seite den gegenüberliegenden Querfaden zwischen Randmasche und 1. Masche erfassen, Faden durchziehen. Diesen Vorgang abwechselnd einmal auf der einen, dann auf der anderen Seite wiederholen. Nach ca. 2 cm den Arbeitsfaden anziehen, damit sich die Strickteile übergangslos aneinanderfügen.

Vernähen von offenen Maschen (Maschenstich)

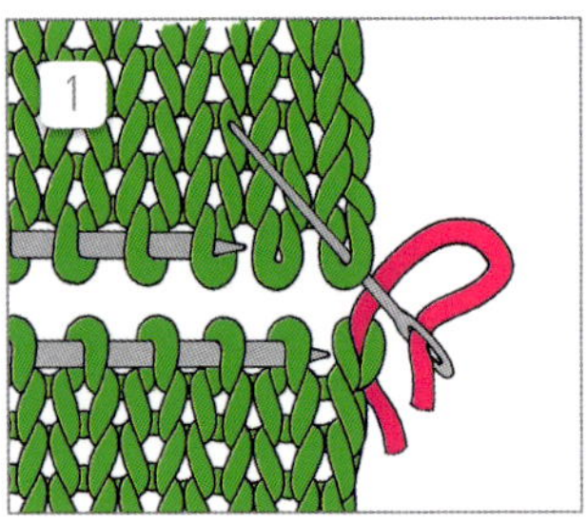

Einen 3-mal so langen Faden wie die zu arbeitende Naht in eine Sticknadel ohne Spitze fädeln. In die Randmaschen der zu verbindenden Teile von unten nach oben einstechen. Jeweils nach dem Einstechen die Masche von der Stricknadel gleiten lassen.

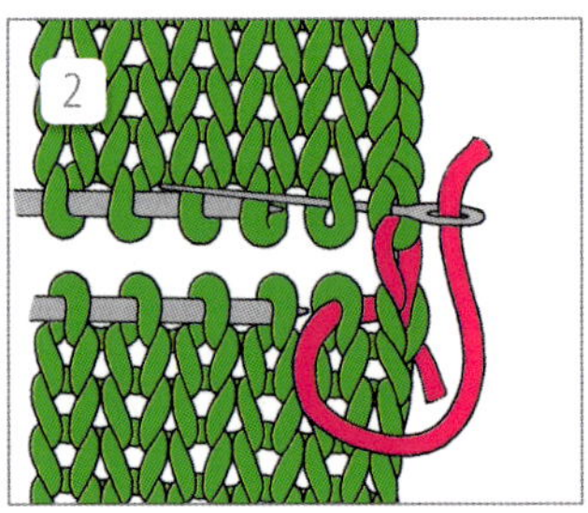

Dann beim unteren Teil in die Randmasche von oben nach unten und von unten nach oben in der folgenden Masche ausstechen. Nun abwechselnd in die vorherige Masche ein- und in der folgenden auf der Stricknadel liegenden Masche ausstechen.

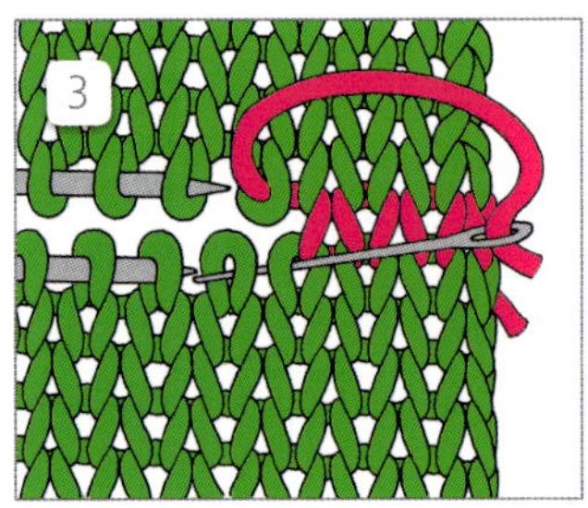

Bei jedem Arbeitsgang werden 2 halbe Maschen erfasst. Den Faden nicht zu fest anziehen. Die Schlingen auf der Nadel (und somit die Naht) bilden jeweils 1 Reihe im Gestrick.

Kanten umhäkeln

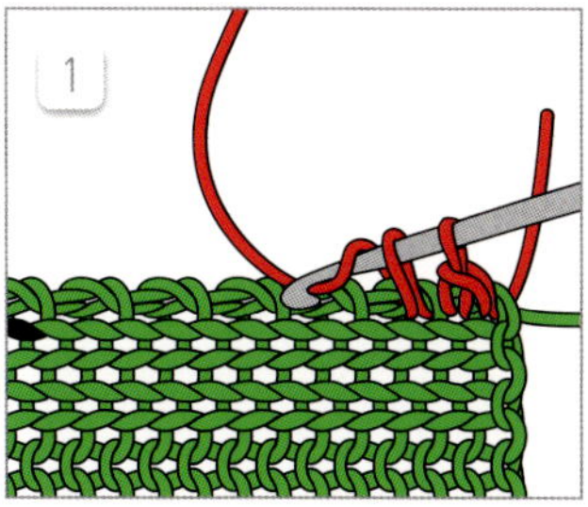

Mit der Häkelnadel zwischen Randmasche und 1. Masche einstechen und den Faden zu einer Schlinge durchholen. * 1 Masche weiter links einstechen und eine Schlinge durchholen. Den Faden und durch beide Schlingen ziehen (= 1 feste Masche).

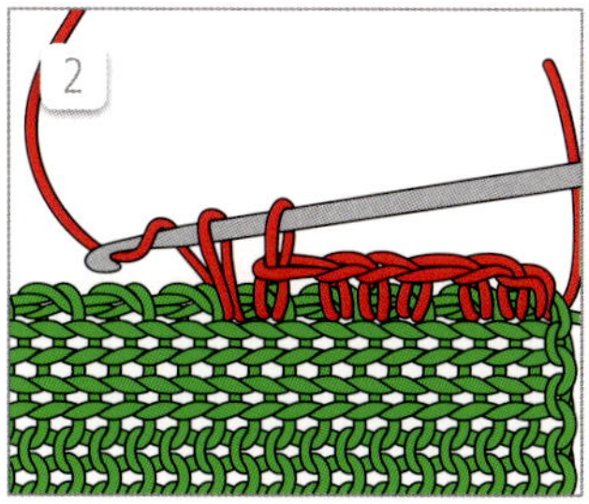

Ab * stets wiederholen, dabei immer mal wieder 1 Masche übergehen (etwa nach jeder 3. Masche), sonst wellt sich der Rand.

Gehäkelte Naht mit festen Maschen

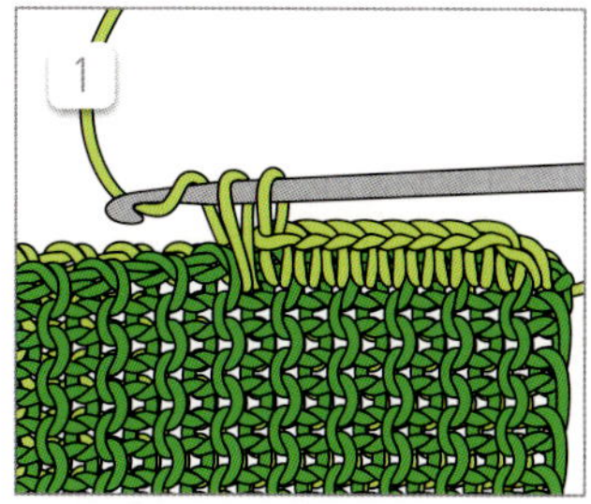

Zwei Teile rechts auf rechts aufeinanderlegen. Mit der Häkelnadel zwischen den Randmaschen und den ersten Maschen beider Teile einstechen, den Faden zur Schlinge holen. * 1 Masche/ Reihe weiter durch beide Teile stechen, eine Schlinge holen. Den Faden holen und durch beide Schlingen ziehen (= 1 feste Masche), ab * stets wiederholen.

Knopfloch

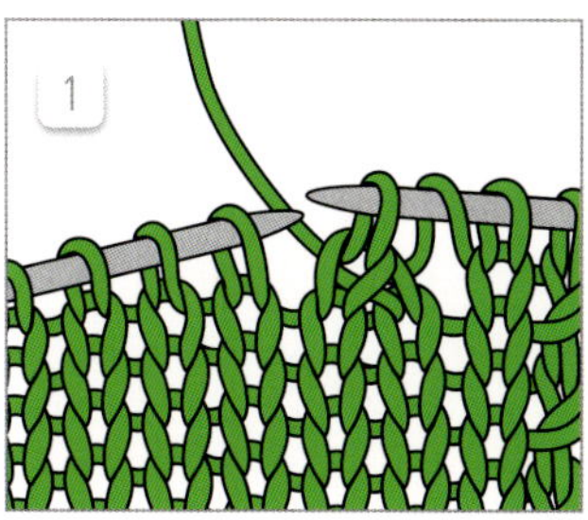

So viele Maschen stricken wie angegeben, dann 1 Umschlag (oder die angegebene Anzahl Umschläge) arbeiten und danach 2 (oder die angegebene Anzahl) Maschen rechts zusammenstricken.

Im Maschenstich sticken

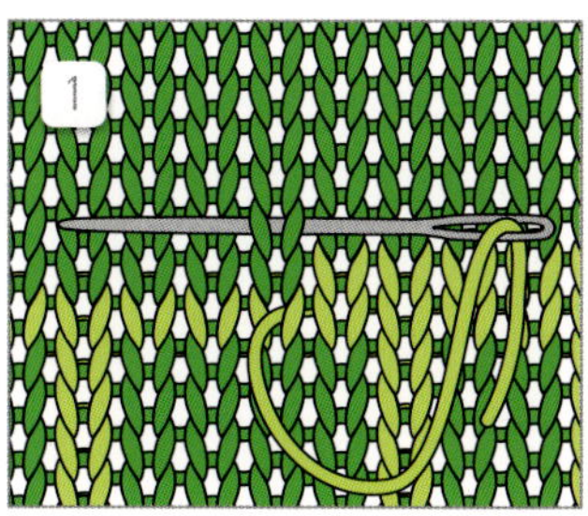

Mit einer Wollnadel ohne Spitze von hinten nach vorn durch die Mitte der 1. Masche ausstechen und den Faden durchziehen.

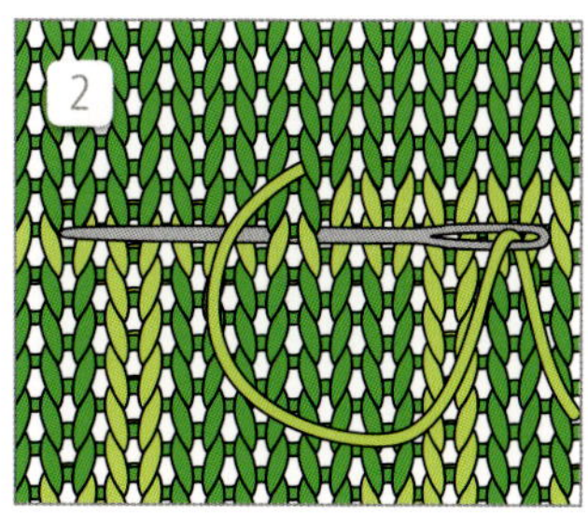

Dem Verlauf dieser Masche entsprechend um die obere Masche ein- und wieder ausstechen und den Faden durchziehen. Anschließend wieder in die Mitte der 1. Masche einstechen und aus der folgenden Masche ausstechen.

Impressum

Entwurf und Realisation: Sabine Abel
Lektorat: Regina Sidabras
Redaktion: Angelika Klein
Fotos und Styling: Annette Hempfling
Technische Zeichnungen: Carsten Bachmann
Gesamtgestaltung und Satz: Yvonne Rangnitt-Voigt
Coverlayout: GrafikwerkFreiburg
Repro: RTK & SRS mediagroup GmbH
Printed in Turkey by Elma Basim

★★★★★

Sind Sie mit diesem Titel zufrieden?
Dann würden wir uns über Ihre Weiterempfehlung freuen. Erzählen Sie es im Freundeskreis, berichten Sie Ihrem Buchhändler oder bewerten Sie bei Onlinekauf. Und wenn Sie Kritik, Korrekturen, Aktualisierungen haben, freuen wir uns über Ihre Nachricht an:
Christian Verlag, Postfach 40 02 09,
D-80702 München oder per E-Mail an
lektorat@verlagshaus.de

Unser komplettes Programm finden Sie unter

www.christophorus-verlag.de

Hersteller

- Atelier Zitron, Wickede
  www.atelierzitron.de
- Austermann Wolle über Schoeller Süssen GmbH
  www.schoeller-und-stahl.de
- Junghans-Wolle, Aachen
  www.junghanswolle.de
- Georg Fischer GmbH, Babenhausen
  www.fischer-wolle.de
- Coats GmbH, Kenzingen
  www.coatsgmbh.de
- Schuler & Company, Oberrieden (CH)
  www.schulana.ch
- TUTTO Wolfgang Zwerger GmbH, Hechingen
  www.sockenwolle.de

Die Deutsche Nationalbibliothek verzeichnet diese Publikation in der Deutschen Nationalbibliografie; detaillierte bibliografi sche Daten sind im Internet über http://dnb.de abrufbar.

7. Auflage 2023

ISBN 978-3-8410-6299-4

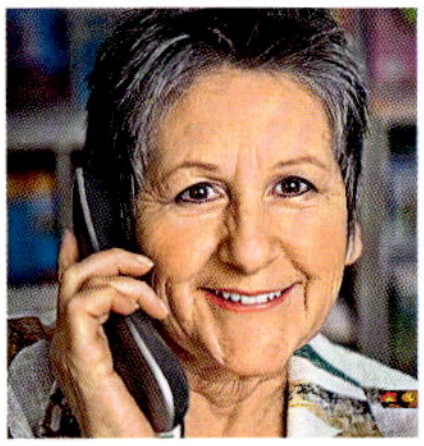

Kreativ-Service

Sie haben Fragen zu den Büchern und Materialien? Frau Erika Noll ist für Sie da und berät Sie rund um alle Kreativthemen. Rufen Sie an! Wir interessieren uns auch für Ihre eigenen Ideen und Anregungen. Sie erreichen Frau Noll per E-Mail: **kreativ-service@c-verlag.de** oder **Tel.: +49 (89) - 13 06 99 - 577.**

Besuchen Sie uns im Internet: www.christophorus-verlag.de & www.selbstgemacht.de